Sebastian Painadath

Der Geist reißt Mauern nieder

Die Erneuerung unseres Glaubens durch interreligiösen Dialog

Kösel

2. Auflage 2004

© 2002 by Kösel-Verlag GmbH & Co., München
Printed in Germany. Alle Rechte vorbehalten
Druck und Bindung: Pustet, Regensburg
Umschlag: Elisabeth Petersen, München
Umschlagmotiv: Rose »The Pilgrim«, fotografiert von Jens Heilmann, München
Fotos auf den Seiten 13, 47 und 109: Leonard Zeisel, Windach

ISBN 3-466-36591-0

Gedruckt auf umweltfreundlich hergestelltem Werkdruckpapier
(säurefrei und chlorfrei gebleicht)

Inhalt

Meditation 109

Vorwort

Wir leben in einem neuen Zeitalter des Geistes, in einer begnadeten Zeit der Kirche: in einem Kairos. Nie zuvor hat die Menschheit die globale Vernetzung so deutlich gespürt wie heute. Dabei erlebt der heutige Mensch auch sehr intensiv die letztlich spirituelle Einheit der Menschheit. Er erfährt die verwandelnde Wirkung des göttlichen Geistes, der über die Mauern der Religionen und Nationen hinaus die Menschen miteinander verbindet. Das Selbstbewusstsein in den Völkern wächst, aber gleichzeitig auch das Gefühl der Zugehörigkeit zu der einen Erde. Religionen treten mit einem neuen Identitätsbewusstsein auf, aber sie begegnen sich auf der Pilgerfahrt zu dem einen Gott. Die Vielfalt der Religionen wird respektiert und dennoch die Einheit in der Spiritualität gefordert.

In diesem Prozess tauchen drei Grundthemen auf, die ich in diesem Buch anzusprechen versuche: *Dialog, Mystik* und *Meditation*.

Im ersten Teil dieses Buches geht es um die Thematik des interreligiösen Dialogs: Zunächst wird der Unterschied zwischen Spiritualität und Religion klargestellt (Kap. 1). Wenn wir über die kulturbedingten Faktoren der Religionen hinaus in die tiefere Ebene der Spiritualität eindringen, können wir dort die zweifache Wurzelströmung feststellen: die prophetische und die mystische (Kap. 2). Durch eine Wechselbeziehung drücken sie sich in religiösen Formen aus: in Glaubensauffassungen und

Kulthandlungen, Verhaltensnormen und Gemeindestrukturen (Kap. 3). So gesehen können wir im Bereich der Symbole die Vielfalt der Religionen bejahen, aber gleichzeitig auf der Ebene der geistigen Erfahrung konvergierende Linien hin zur Einheit der Spiritualität feststellen und deren Entfaltung fordern. Der eine Gott wird als unfassbares Geheimnis, als personales Du und als alles durchwaltender Geist erfahren (Kap. 4). Diese Sichtweise öffnet neue Perspektiven für einen einander respektierenden, kritisierenden und bereichernden Dialog der Religionen (Kap. 5). Das Grundmotiv einer neuen Kultur des Dialogs besteht in der ›gemeinsamen, geistigen Pilgerfahrt aller Religionen‹ (Papst Johannes Paul II.) zu dem einen Gott, der über allem, durch alles und in allem ist (Eph 4,6). Diese Kultur des Dialogs stellt konkrete Herausforderungen an die Kirche, damit sie über die traditionellen Mauern des Denkens und des Lebens hinauszuschauen lernt: ›Dialog ist die neue Art Kirche zu sein‹ (Papst Paul VI.).

Auf diesem Pilgerweg teilt jede/r seine/ihre geistige Erfahrung mit den Andersglaubenden und wird von deren Erfahrungen bereichert. Echter interreligiöser Dialog entfaltet sich nur, wenn jede/r aus der Kernerfahrung der eigenen Religion heraus den anderen begegnet. Für uns Christen bedeutet es eine Rückbesinnung auf die Tiefendimension der mit der Person Jesu Christi verbundenen Heilserfahrung. Aber es geht hier nicht darum, dass wir versuchen, die christliche Erfahrung als die allein gültige und universal verbindliche Norm der Heilserfahrungen hinzustellen. Wir dürfen das Christusgeschehen nicht aus dem universalen Offenbarungsprozess herausschneiden oder von der Geschichte der Menschheit abheben, denn das Wort ist Fleisch geworden. Wir sollen die spezifische Sinntiefe suchen, die Gott durch Christus der geistigen Entfaltung der ganzen Menschheit verliehen hat. Mit Absolutheitsansprüchen können wir weder mit andersglaubenden Menschen geistig unterwegs sein, noch können wir dem großen Geist Raum geben, der weht, wo er will.

Im zweiten Teil dieses Buches versuche ich, aus der Perspektive der Mystik einige Grundelemente des christlichen Glaubens zu reflektieren. Die Einheitserfahrung Jesu ist die Quelle und der Ursprung der christlichen Mystik. Jesus erfuhr sich als das Selbstherausfließen der Liebe und Gnade Gottes (Kap. 6). Daraus erfahren wir Gott als den dreieinigen Gott, als den lebendigen und lebendig machenden Gott (Kap. 7). Unser Leben entfaltet sich nicht vor Gott, sondern in Gott, in Christus: Christus ist das eigentliche Subjekt unserer Erfahrung (Kap. 8). Durch den in Christus erschlossenen Geist werden wir verwandelt in das neue Sein, das gnadenhafte Existential, als Teilnahme an der göttlichen Natur (Kap. 9). Gott gebiert sich in und durch uns (Kap. 10). Unsere Geschichte ist Gottes Geschichte mit uns, weil er als der mitleidende und uns neu gestaltende Gott unter uns ist; dieses der Welt zugewandte Gesicht Gottes erkennen wir im gekreuzigten und auferstandenen Christus (Kap. 11). Durch sein Leben, ganz konkret durch seine Tischgemeinschaft mit den ausgestoßenen Menschen, hat Jesus den Armen deutlich gemacht, was er mit dem Reich Gottes meinte. Die Kirche, von der Jesus träumte, ist eigentlich die Gemeinschaft der Armen, die Fortsetzung der Tischgemeinschaft Jesu (Kap. 12). Und die Eucharistie ist Kernbereich des christlichen Lebens, ist das Sakrament des neuen Seins, der neuen Erde (Kap. 13).

Diese Elemente der christlichen Erfahrung können wir nur durch einen Lebensstil verwirklichen, der von den Werten des Evangeliums geprägt ist. Nur dann können wir glaubwürdig unsere auf Christus bezogene Heilserfahrung den anders glaubenden Menschen mitteilen. Dazu muss die Kirche die verlorene Dimension der Mystik in ihrem geistlichen Leben und theologi-

schen Denken wieder beleben. Viele Menschen suchen heute einen authentischen und erfahrbaren Zugang zu mystischer Erfahrung. Der Ruf nach dem Meister ist laut, die Suche nach Stille groß geworden.

Im dritten Teil des Buches werden einige Reflexionen zur Theo-
rie und Praxis der Meditation angeboten. Eine den Menschen
integrierende Versenkung geschieht durch die verschiedenen
Schichten des Bewusstseins (Kap. 14). Dementsprechend entfaltet sich zunächst das Gebet als die Hinwendung zu Gott als dem
personalen Du (Kap. 15). Durch Gebärden und Symbole, durch
Worte und Mantras, wird das Bewusstsein in der Meditation
vertieft, damit der Mensch für die befreiende Wirkung des Geistes sensibler wird (Kap. 16). Der ganze Versenkungsvorgang
führt auf eine Erfahrung mystischer Einheit hin. Hierbei wird
der göttliche Geist als der in uns und durch uns betende und unser Leben verwandelnde Geist erfahren (Kap. 17).

Weltweit werden heute in vielen Ortskirchen Experimente
mit zeitgemäßen Formen christlichen Lebens gemacht. Seit
Jahrhunderten existiert in Indien die Einrichtung des Ashrams.
Ein einfacher Lebensstil, eine meditative Atmosphäre, geistiger
Austausch und Gastfreundlichkeit ohne Schranken sind seine
Merkmale. In den letzten Jahrzehnten sind mehrere Ashrams
christlicher Prägung entstanden, in denen Versuche gemacht
werden, eine inkulturierte Form christlichen Lebens in Indien zu
gestalten. Im letzten Abschnitt dieses Buches ist das Ashram-
konzept beschrieben als Gestalt einer Kultur des Dialogs und einer glaubwürdigen Form der christlichen Präsenz (Kap. 18).

Die spirituellen Einsichten, die ich in diesem Buch darstelle, sind
aus meinen Studien und Erfahrungen im Sameeksha-Ashram
entstanden, wo ich im näheren Umgang mit Hindus und Musli-

men sowie mit Mitchristen lebe. In den dabei gewonnenen theologischen Perspektiven ist unvermeidlich eine asiatische Sensibilität spürbar, weil es mein Grundanliegen ist, eine integrierende Spiritualität im Kontext der religiösen und kulturellen Vielfalt Asiens zu entwickeln. In den letzten zwanzig Jahren habe ich in Indien und in den fernöstlichen Ländern viele Seminare zum Thema Dialog gehalten und Exerzitienkurse geleitet. Die daraus gewachsenen Einsichten versuche ich in den Meditationskursen und Tagungen zu vermitteln, die ich seit 1981 im Auftrag von Missio (Aachen/München/Wien) alljährlich in den deutschsprachigen Ländern gestalte. Für die ermutigenden aber auch kritischen Rückmeldungen der Teilnehmer/innen bin ich sehr dankbar. Aus diesen langjährigen interreligiösen und interkulturellen Begegnungen hat dieses Buch Gestalt angenommen. Darum möchte ich es den suchenden und mitpilgernden Freunden dankbar widmen. Es geht mir darin nicht um eine systematische Darstellung der theologischen Themen; nur einige Teilaspekte der werdenden Theologie des interreligiösen Dialogs sind hier angesprochen.

Ganz herzlich möchte ich mich bei meinen guten Freunden Elmar Rettelbach und Werner Schneider für Ihre Ermutigung und Begleitung bedanken. Sie haben viel Zeit darauf verwandt, die Texte sprachlich zu korrigieren und das Manuskript druckfertig zu formatieren. Dem Kösel-Verlag bin ich für die Publikation des Buches in schön gestalteter Form sehr dankbar.

Juni 2001
Sebastian Painadath SJ,
Sameeksha-Ashram,
Kalady 683574, Indien

Dialog

1 Spiritualität und Religion

Was suchen die Menschen heute?

Wir leben in einer begnadeten Zeit, in einem neuen Zeitalter der Menschheitsgeschichte. Der Geist Gottes reißt Mauern nieder, die wir Menschen aufgrund von Kultur und Religion, Nationalität und ethnischer Zugehörigkeit aufstellen. Der Geist Gottes ruft ein neues Bewusstsein hervor, in dem die weltweite, Grenzen überwindende Einheit deutlicher wird. Dieser Durchbruch des Geistes ist in der globalen Kultur spürbar. Die interkontinentalen Verkehrs- und Kommunikationsmittel bringen Menschen intensiv zusammen. Internationale Kooperationen und Studien verbinden Menschen über alle Grenzen hinweg. Interkulturelle Austauschprojekte und Publikationen führen die kreativen Strömungen der Völker zusammen. Und interreligiöse Begegnungen und Gespräche wecken das Bewusstsein, dass wir alle von dem einen göttlichen Geist belebt und belehrt sind. Menschen suchen heute einen tieferen Zugang zur Erfahrung dieses alles durchdringenden und alles verwandelnden göttlichen Geistes.

In der postmodernen Gesellschaft von heute finden viele Menschen scheinbar keinen Sinn in den traditionellen Formen des Glaubens, und sie fühlen sich in den herkömmlichen Strukturen der Religionen nicht mehr beheimatet. Andererseits aber ist die Sehnsucht nach einer authentischen Gotteserfahrung intensiver und bewusster geworden als früher. Ein mystischer Wind weht heute über die Erde. Die etablierten Strukturen und Ämter der Religionen sind dadurch zum Teil beunruhigt und verunsichert. Manche von ihnen ziehen sich in reaktionärer Weise zurück, andere wählen festgefahrene Gleise und einige nehmen aggressive und politisierende Formen der Selbstbehauptung an. Trotz allem sollten wir die sich weltweit entfaltende Kultur des interreligiösen Dialogs ernst und darin die verwandelnde Bewegung des göttlichen Geistes wahrnehmen.

Suche nach Erfahrung

Um diese Zeichen der Zeit zu deuten, wäre es gut, über den Unterschied zwischen Spiritualität und Religion zu reflektieren. Es ist eine Tatsache, dass sich viele Menschen, die sich in den traditionellen Religionen nicht mehr geborgen fühlen, auf den Weg der Spiritualität begeben. Und oft führt dieser Weg über die Grenzen der eigenen Religion hinaus zu der breiten Landschaft der Weltreligionen und zu den mystischen Quellen der Schriften und Meister anderer Religionen. Ist diese Faszination für das andere Ufer nur als eine Modeerscheinung zu betrachten, oder sollen wir darin nicht eine epochale Bewegung des göttlichen Geistes erkennen: den Geist, der weht, wo er will? Eines ist klar: es geht vielen suchenden Menschen letztlich nicht um Religion, sondern um Spiritualität, nicht so sehr um das Mitgliedsein in einer vorgeordneten religiösen Gemeinschaft, als vielmehr um eine Vertiefung der eigenen Spiritualität.

Spiritualität

Spiritualität ist die Erfahrung des Ergriffenseins durch den Spiritus, durch den Geist Gottes. Sie ist das Gespür für das Absolute, für das Alles-Tranzendierende und das Alles-Durchdringende, das Betroffensein vom Heiligen (Rudolf Otto), vom Göttlichen (Meister Eckhart). Spiritualität ist die universale Erfahrung der Geborgenheit im tragenden Seinsgrund und das Angezogenwerden vom letzten Ziel. Sie prägt das Leben aller Menschen, denn jeder will, dass sein Leben Tiefe und letzten Halt hat. Der Geist Gottes wirkt im Herzen aller Menschen verwandelnd. Es könnte sein, dass manche diese tiefere Dimension des Lebens nicht wahrhaben können oder wollen. Doch diesem Geist in sich und um sich Raum zu lassen bedeutet Gnade, aber auch Auftrag. Die Gnade bringt Freude und Freiheit; der Auftrag bedeutet Umkehr und Disziplin. Spiritualität ist das Wahrnehmen dieser Gnade und das Mitwirken an diesem Auftrag.

Religion

Religion ist der kulturbedingte und daher ambivalente Ausdruck der spirituellen Erfahrung. Das Medium, wodurch die spirituelle Erfahrung zum Ausdruck gebracht wird, ist das Symbol. Das Wort Symbol stammt aus dem Griechischen *symballein*, d.h. zusammenwerfen, vergleichen, integrieren. Die verschiedenen Dimensionen der spirituellen Erfahrung werden durch Symbole verdichtet artikuliert. Spirituelle Erfahrung braucht Religion, um sich auszudrücken, sich mitzuteilen und von anderen Erfahrungen getragen, bereichert, aber auch kritisiert zu werden. Ähnlich wie der Mensch eine Sprache braucht – so begrenzt sie auch ist -, um seine Gedanken und Gefühle zu artikulieren, so braucht er religiöse Symbole, Schriften, Traditionen und Strukturen, um seine Spiritualität im Umgang mit anderen zu deuten, zu vertiefen und zu entfalten. Durch die Symbole hat er bewussten Zugang zur eigenen Tiefe und zu der Erfahrungswelt der anderen. Diese symbolorientierte Beziehung zu den anderen braucht der suchende Mensch, denn sonst kann es sein, dass er in seiner begrenzten Erfahrungswelt stecken bleibt und dem Geist den Raum verschließt. Erst durch das Du werde ich zum wahren Ich! Erst dadurch, dass ich meine spirituellen Erfahrungen anderen mitteile, wird meine Spiritualität zu einer wahrhaften Erfahrung des Geistes. Auf dem Weg des Dialogs entfaltet sich die Wahrheit. Darum braucht Spiritualität die Ausdrucksformen der Religion.

Über die Symbole wird Spiritualität zur Religion. Bildhaft ausgedrückt: Spiritualität ist die Wurzeldimension der Religion; Religion entfaltet sich wie der sichtbare Baum in vielfältigen Formen. Beide – Spiritualität und Religion – sind eng miteinander verbunden. Spiritualität ist der Gehalt der Religion; Religion ist die Gestalt der Spiritualität. Aus der verborgenen Quelle der Spiritualität entsteht der Fluss der Religion und fließt in verschiedene Richtungen des gesellschaftlichen Lebens. Eine Religion ohne Spiritualität kann die Menschen nicht im Geiste verwandeln; eine Spiritualität ohne Religion kann die Menschen nicht miteinander verbinden.

2 Den Mystiker beleben – den Propheten wachrufen

Die zweifache Grundströmung der Spiritualität

In der farbigen Landschaft der Weltreligionen stellen wir eine enorme Pluralität der Symbole und Strukturen, Praktiken und Wertvorstellungen fest. Wenn wir aber zu den tieferen Dimensionen der Spiritualität vordringen, können wir dort einen dynamischen Prozess der Harmonie wahrnehmen. In allen Religionen geht es letztlich um das Heil, d.h. um ein Ganzwerden, um die Harmonie des Endlichen mit dem Unendlichen, auf die hin das menschliche Leben angelegt ist. Und gerade diese Erfahrung des ganzheitlichen Heils, diesen Zugang zur Einung mit Gott, suchen die Menschen heute. Auf der tieferen spirituellen Ebene der Weltreligionen können wir zwei Strömungen feststellen, die in dialektischer Beziehung zueinander wirken und eine integrierte Spiritualität ermöglichen. Ich möchte sie als prophetische und als mystische Strömung bezeichnen. Die beiden Strömungen sind eigentlich die Wurzelströmungen aller Religionen. Die unten aufgezeigten Merkmale der beiden

Strömungen tauchen in jeder Religion auf, allerdings mit unterschiedlichen Akzentuierungen.

Die prophetische Strömung der Spiritualität

Der prophetische Zugang zur Gotteserfahrung entfaltet sich vorwiegend im interpersonalen Ansatz der Ich-Du-Beziehung. Das Göttliche wird als personales Gegenüber erfahren und in personalen Gestalten ausgedrückt. Dadurch wird Gott im religiösen Bewusstsein zum Vater oder zur Mutter, zum Herrn oder Freund. Gott wird als das sich selbst mitteilende und in Liebe dem Menschen entgegenkommende Du angesehen, angeredet und angebetet. Der Mensch als Person braucht diese Begegnung mit dem göttlichen Du, denn erst dadurch, dass er sich vom göttlichen Du angenommen fühlt, gelangt er zum wahren Ich-Bewusstsein. Erst durch das Du werde ich zum wahren Ich.

Das primäre Medium der interpersonalen Kommunikation ist das Wort. Gott teilt dem Menschen sein heilendes und offenbarendes Wort mit, und der Mensch steht vor Gott als Hörer des Wortes. Gottes Wort aber ist ein verlangendes Wort, ein *debitum*, das den Menschen zum Gehorsam auffordert. Das Gebot-Gehorsam-Schema prägt den interpersonalen Weg zur Gotteserfahrung. Der Grundansatz der Spiritualität ist daher die Gestaltung des Lebens nach dem Willen Gottes. Die Weigerung, dem Willen Gottes Gehorsam zu schenken, ist Sünde. Das Handeln nach dem Willen Gottes besteht grundsätzlich im Handeln aus Liebe, Liebe zu Gott und zu den Menschen. Die Erfahrung der liebenden Zuwendung Gottes und der daraus erwachsenden liebenden Hinwendung zu den anderen bildet Gemeinschaft. Wenn Gottes Nähe durch die Gemeinschaft erfahren wird, wird sie zu einer Heilsgemeinschaft, in der sich der Einzelne geborgen fühlt.

Die personal verstandene Selbstmitteilung Gottes geschieht durch Heilsereignisse, welche die Geschichte in Heilsgeschichte verwandeln. Eine geschichtsbezogene Denkart dominiert. Weil das sich im konkreten Handeln mitteilende Wort das Grundmedium der Gottesoffenbarung ist, versucht der Mensch die Offenbarungselemente in klar formulierten Begriffen aufzufangen, und daraus entsteht Theologie. Der Prophet vermittelt der Glaubensgemeinschaft das Wort Gottes und fordert sie zum Gehorsam auf. Er kritisiert sündhafte Strukturen der Gesellschaft und bahnt den mutigen Einsatz für Gerechtigkeit an. Der tatbezogene ethische Ansatz prägt die religiöse Unterweisung.

Wenn Gott als Du angesehen wird, betet der Mensch zu Gott. Die Gegenwart Gottes wird durch Kulthandlungen vermittelt und oft mit farbenreichen Bildern oder Statuen anschaulich gemacht. Daher entwickelt sich eine religiöse Welt mit Gotteshäusern, Priestern und sakralen Amtsträgern.

Da jede intime Ich-Du-Beziehung einen Moment der Exklusivität beinhaltet, neigt die intensive personale Wahrnehmung von Nähe und Gnade Gottes zu einem gewissen exklusiven Anspruch. Die Gestalt oder das Geschehen, worin der heilende Durchbruch Gottes maßgebend erfahren wurde, wird mit Letztgültigkeit dargestellt. Daraus entsteht eine Entweder-Oder-Denkart, die sich in religiösen Absolutheitsansprüchen zeigt. Die von Gott in Liebe angesprochene Gemeinschaft fühlt sich als auserwählte Gemeinschaft und glaubt, den anderen gegenüber einen Sendungsauftrag zu besitzen. Wenn diese religiöse

Empfindung machtpolitisch manipuliert wird, entstehen Intoleranz und Fanatismus. Es gibt auch eine Tendenz, die Denk- und Verwaltungsstrukturen der religiösen Gemeinschaft zu befestigen, wobei die Freiheit des göttlichen Geistes nicht geachtet wird, des Geistes, der die Menschen in eigenartiger Weise verwandelt. Diese letztgenannten Faktoren sind die Schattenseiten der interpersonalen Formen von Spiritualität.

Die mystische Strömung der Spiritualität

Der mystische Zugang zur Gotteserfahrung entfaltet sich vorwiegend im transpersonalen Ansatz. Es geht dabei um das ganzheitliche Erwachen zum Geheimnis des Göttlichen. Hier wird das Göttliche als das letztgründige Selbst erfahren, das gleichzeitig immanent und transzendent ist. Im religiösen Bewusstsein wird es durch transpersonale Symbole wie Grund oder Tiefe, Quelle oder Wurzel ausgedrückt. Auf dem Weg der Versenkung erfährt der Mensch die alles durchwaltende und belebende Kraft des Göttlichen, das alles durchleuchtende und verwandelnde Licht. Das Erwachen des menschlichen Geistes zum göttlichen Licht bedeutet eine Verwandlung des Bewusstseins. Erst im göttlichen Licht erfährt der Mensch den eigentlichen Sinn seines Lebens und das Ziel des kosmischen Werdegangs.

Dieses Erwachen geschieht in Stille: In der meditativen Stille wird dem Menschen die gnadenhafte Erfahrung zuteil, wie der göttliche Grund sich öffnet und das Licht erstrahlt. Grundansatz der Spiritualität ist die zunehmende Durchlässigkeit für den göttlichen Durchbruch. Sünde besteht im verkehrten Sein, im Nichterkennen dessen, was man eigentlich ist. Der spirituelle

Mensch erkennt sich als transparentes Medium für die alles verwandelnde Wirkung des göttlichen Geistes. Aus dieser Erkenntnis wachsen innere Freiheit und dementsprechendes Handeln im Hinblick auf die Neugestaltung der Wirklichkeit. Das innere Erwachen geschieht im Einzelnen, und daher wird viel Wert auf die Bewusstseinsentfaltung des Einzelnen durch Disziplin und Askese gelegt.

Aus der Erfahrung der Einheit mit dem All-Ganzen entsteht eine Grundhaltung der liebenden Zuwendung zu allen Wesen. Der Mensch spürt eine tiefe Harmonie mit der Natur, und daraus entsteht eine kosmische Denkart. Weil die Selbsterschließung des göttlichen Geheimnisses im inneren Erwachen wahrgenommen wird, werden die Einsichten der Weisheit eher durch dichterische Symbole ausgedrückt, die eine Art Theosophie bilden. Der Mystiker vermittelt durch sein inneres Erwachen den Menschen das göttliche Licht und zeigt den Weg zum Bewusstseinswandel auf. Er stellt jeden Versuch infrage, das unfassbare göttliche Mysterium in Begriffen oder Riten endgültig einzufangen und begleitet suchende Menschen auf dem Weg der inneren Verwandlung. Der seinsbezogene, meditative Ansatz prägt die religiöse Erziehung.

Das Göttliche wird durch meditative Versenkung als das wahre *Selbst* erfahren. Zu diesem inneren Erfahrungsweg werden suchende Menschen initiiert. So haben Klöster, Meister und geistige Begleiter eine prägende Rolle im geistlichen Leben.

Die kosmische Sichtweise führt grundsätzlich zu einer inklusiven Einstellung im Leben, zu einer toleranten Haltung mit einer Sowohl-als-auch-Denkart. Da die innere Erfahrung von Transparenz einen Moment der Ekstase beinhaltet, unterliegt sie der Neigung zu elitären Geisteshaltungen. Der Erleuchtete glaubt, ein geistiger Meister zu sein und den suchenden Menschen gegenüber einen Lehrauftrag zu besitzen. Wenn diese religiöse Empfindung zu kommerziellem Gewinn missbraucht wird, entstehen Personenkult und Sektierertum. Es gibt aber auch die Tendenz, eine heile Welt in sich zu errichten und dabei vor den akuten sozialen Problemen der Gesellschaft die Augen zu verschließen; dabei wird man dem die Strukturen der Gesellschaft verändernden Göttlichen gegenüber blind. Diese letztgenannten Faktoren sind die Schattenseiten der transpersonalen Wege der Spiritualität.

Die Wechselbeziehung der beiden Strömungen

Die oben kurz skizzierten Elemente der prophetischen und der mystischen Spiritualität sind eigentlich keine gegensätzlichen Faktoren des geistlichen Lebens. Sie bilden die Brennpunkte einer Ellipse. Sie zeigen sich in einer sich gegenseitig bereichernden, kritisierenden und dadurch befruchtenden Beziehung bei der Entfaltung des spirituellen Lebens. Wort und Stille, Liebe und Erkenntnis, soziale Gerechtigkeit und kosmische Harmonie, Theologie und Theosophie, Gebet und Meditation entfalten sich in einer dialektischen Wechselbeziehung, die der eigentliche Grundansatz einer integrierten Spiritualität ist. Jeder authentische Prophet ist ein Mystiker, und jeder echte Mystiker ist ein Prophet. Diese Dialektik kann im Kernbereich jeder Religion festgestellt werden. Jedoch taucht im Laufe der kulturgeschichtlichen Entwicklung in jeder Religion mehr die eine oder die andere Dimension als prägend auf und verursacht eine gewisse Einseitigkeit der religiösen Formen und der ethischen Grundhaltungen.

So gesehen kann man eine gewisse Dominanz der prophetischen Elemente in den semitischen Religionen (Judentum, Christentum und Islam) feststellen und eine Ausprägung der mystischen Faktoren in den indischen Religionen (Hinduismus, Buddhismus und Jainismus) wahrnehmen. Der interpersonale Charakter bestimmt das Offenbarungsverständnis der abrahamitischen Religionen; daher wird viel Wert auf die ethischen Normen und auf gesellschaftliche Strukturen gelegt. Die transpersonale Ausrichtung prägt den Erleuchtungsvorgang der vedischen Religionen; daher werden meditative Praktiken und Bewusstseinsverwandlung des Einzelnen betont. So könnte man von einer westlichen und einer östlichen geistigen Hemisphäre sprechen. Im Westen neigt man dazu, das Unterscheidende in der eigenen Religion hochzuhalten, während im Osten die Einheit der Religionen in den Vordergrund gestellt wird. Die prophetischen Züge der semitischen Seite artikulieren die männlichen Faktoren der religiösen Psyche, während die mystischen Dimensionen der indischen Seite mit den weiblichen Elementen der religiösen Psyche schwingen. Diese Beobachtung könnte im Sinne der Yang-Yin-Polarität gedeutet werden.

Wie wird die Zukunft der spirituellen Entfaltung der Menschheit aussehen? Kann man nicht von einer geistigen Vermählung zwischen West und Ost sprechen? Es wird zunehmend klar, dass die Menschheit in ihrer geistigen Weiterentwicklung in Richtung einer fruchtbaren Begegnung der beiden Hemisphären mutige Schritte wagen wird. Der religiöse Mensch der Zukunft wird ein *interreligiöser* Mensch sein: in offener Begegnung mit den Religionen der anderen Seite wird er tief in sich den Mystiker beleben und den Propheten wachrufen.

Prophet	Mystiker
das Wort	die Stille
Hörer des Wortes	Medium des Durchbruchs
vor Gott	im Göttlichen
vergegenständlichte Denkart	verinnerlichte Erfahrung
das Ankommende/Gegenüber	das Aufgehende/innerlich
Gebot-Gehorsam: Symbole Vater/	Transparenz: Symbole Grund,
Mutter, Schöpfer, Herr, Freund	Quelle, Licht, Wurzel, Stille
Beziehung zum Du	Erwachen zum Selbst
Liebe – Hingabe	Gnosis – Bewusstsein
vom du angenommen werden	in der All-Einheit integriert sein
Tun nach dem Willen Gottes	Sein in Harmonie mit dem All
Gerechtigkeit in der Gesellschaft.	Harmonie mit dem Ganzen
liebende Zuwendung zu den anderen	Einswerden mit dem Ganzen
ethischer Ansatz	mystischer Ansatz
Sünde – verkehrtes Handeln	Sünde – verkehrtes Sein
Geschehnisse in der Gemeinschaft	Erfahrung im Einzelnen
Heilsgemeinschaft	Ausstrahlung des Erleuchteten
Offenbarung als Geschichte	Offenbarung als Erleuchtung
zeitbezogene Weltanschauung	raumbezogene Weltanschauung
Natur als Gegenstand	Natur als Leib des Menschen
Vergangenheit/Zukunft – Dynamik	Gegenwart – Gewahrwerden
geschichtliche Denkart	kosmische Sichtweise
Geschichtsdenken	kosmisches Bewusstsein
Heilsgeschichte	All-Einheit
Theo-logie	Theo-sophie
Logos	Pneuma
Gebet als Ansprache	Meditation als Versenkung
Vermittlung durch Kult	Verinnerlichung durch Initiation
Priester – Tempel	Meister – geistliche Bewegung
Exklusivität – Einmaligkeitsdenken	Inklusivität – pluralisch schauen
Durchbrechende Dynamik	bewahrende Haltung
Ratio – linke Gehirnhälfte	Intuitio – rechte Gehirnhä!fte
entweder – oder	sowohl – als auch
Sendungsauftrag	Lehrantrieb
missionarischer Eifer	elitäre Geisteshaltung
Intoleranz	Toleranz
Fanatismus	Sektierertum
Befestigung der Strukturen der	Vernachlässigung der Probleme der
Welt	Welt
Kommunalismus	Individualismus

3 Spannungsverhältnisse aller Religionen

Der Durchbruch des Geistes in Mystik und Prophetie

Jede Religion entsteht aus einer verdichteten Erfahrung im Durchbruch des göttlichen Geistes in die Geschichte. Dieser Durchbruch verkörpert sich in einer Person (z. B. Jesus) oder in einem Ereignis (z. B. Exodus), in einer Erleuchtungserfahrung (z. B. bei Buddha), in der Entstehung einer Schrift (z. B. der Veden), in den Mythen der Stammesvölker oder in den Reformbewegungen einer Gemeinschaft. Das Aufbrechen des göttlichen Geistes in einem konkreten Moment *(Kairos)* wird von einer kleinen Anzahl Betroffener wahrgenommen und im Glauben verinnerlicht. Daraus entsteht eine Glaubensgemeinschaft, die ihre spirituelle Erfahrung verkündigt. Dadurch entfaltet sich eine konkrete Religion.

Symbole

Die Sprache der spirituellen Erfahrung ist die Symbolsprache. Menschen, die von einer Geisterfahrung ergriffen sind, brauchen Symbole, um ihre Erfahrung zu vertiefen, weiterzuvermitteln und die Glaubensgemeinschaft lebendig zu halten. Symbole öffnen den Gläubigen den Zugang zur ursprünglichen Erfahrung und verwandeln die Menschen auf ihrem inneren Pilgerweg zu Gott. Symbole artikulieren den fortlaufenden Dialog zwischen Gott und Mensch im Herzen des Einzelnen sowie in den Ereignissen der Geschichte. Über die Symbole wird Spiritualität zur Religion.

Es gibt grundsätzlich vier Bereiche, spirituelle Erfahrung symbolisch auszudrücken. Im Englischen werden sie mit dem vierfachen »c« bezeichnet: *creed, cult, code* und *community*:

● Glaubensinhalte, an denen man festhalten soll
● kultische Anweisungen, nach denen man Gott verehren soll
● ethische Handlungsnormen, an denen man sich orientieren soll
● gemeinschaftliche Strukturen, durch die das Zusammenleben der Gläubigen geregelt wird.

Jede geschichtlich gewordene Religion hat diese vier Faktoren, die wie vier Grundsäulen das religiöse Gebäude aufrecht erhalten. Die von der Geisterfahrung getroffenen Gläubigen benötigen diese vier Bereiche zum Vollzug ihres Glaubens, ähnlich wie man eine Sprache braucht, um Gedanken zu entwickeln, zu entfalten und weiterzuvermitteln.

Entfaltung

In jedem der oben genannten Bereiche werden von der Glaubensgemeinschaft Menschen beauftragt, die Glaubenssymbole aufzubewahren, neu zu interpretieren und dadurch die ursprüngliche Erfahrung den Menschen zugänglich zu machen.

- Theologen und Prediger haben die Aufgabe, Glaubensinhalte zeitgemäß darzustellen.
- Priester werden beauftragt, durch Kulthandlungen die in der ursprünglichen Erfahrung verdichtete Heilsnähe Gottes den Gläubigen spürbar zu machen.
- Gesetzeslehrer tragen die Verantwortung, ethische Normen zu klären und Handlungsorientierung anzubieten.
- Strukturen der Glaubensgemeinschaft benötigen Amtsträger, um die Menschen in lebendiger Erfahrung zusammenzuhalten.

Entfremdung

In der konkreten Entfaltung und Ausübung vermischen sich diese Aufgaben unvermeidlich mit sozialpolitischen und wirtschaftlichen Faktoren. Weil Religion die kulturbedingte und gesellschaftsbezogene Entfaltungsform der spirituellen Erfahrung ist, wird sie ständig von politischen und wirtschaftlichen Machtinteressen geformt, aber auch gefährdet.

Daher entwickelt sich

- eine Art Dogmatismus im Bereich der Glaubensreflexion, der von Absolutheitsansprüchen und machthaberischen Auseinandersetzungen geprägt wird.
- Im Raum des Kultes befestigt sich ein Ritualismus, in dem sakrale Handlungen zu formalistischen »Operationen« werden und dadurch ihre heilende Kraft verlieren.
- Ethische Normen neigen zum Legalismus, der letztlich die Freiheit des Menschen eher blockiert, als dass er ihr zur Entfaltung verhilft.
- In der Verwaltung der Gemeinschaft tritt eine Art Strukturalismus ein, der die vielfältig im Volk vorhandenen Charismen nicht mehr wahrnehmen oder fördern kann.

So gesehen findet in allen vier Bereichen des religiösen Lebens eine ständige Entfremdung statt, eine Entwurzelung weg vom Boden der ursprünglichen Erfahrung des göttlichen Durchbruchs. Symbole verlieren so ihre Durchlässigkeit, werden zu Dingen und als Idole abgewertet. Religion als Ort des Gott-Mensch-Dialogs verrät ihren eigentlichen Standort in der geistigen Entfaltung des Menschen. Eine die Strukturen des menschlichen Denkens und Lebens ständig verwandelnde Gegenwart des göttlichen Geistes wird übersehen. In der Entwicklungsgeschichte aller Religionen zeigen sich solche Fehlentwicklungen.

Trotzdem setzt sich Gottes Dialog mit den Menschen fort. Der Geist Gottes bricht durch die Erstarrung hindurch und lässt ständig neues Leben aufbrechen. Dies geschieht grundsätzlich durch zwei Charismen in zweifacher Richtung, vertikal und horizontal:

Die Mystiker

Die Mystiker stellen die religiösen Symbole vertikal infrage, d.h. sie erwecken im Menschen die Wachsamkeit auf die Tiefendimension der religiösen Symbole. Sie fordern:

- Die theologische Deutung des Glaubens soll immer auf die Dimension des unfassbaren Geheimnisses des Göttlichen hin offen bleiben: *Deus semper maior!*
- Kulthandlungen können die heilende Gegenwart Gottes nur vermitteln, wenn sie von kontemplativer Stille geprägt sind.
- Gesetze des Handelns haben die Aufgabe, dem Einzelnen zu helfen, selbstständig zu werden sowie dem Geist Raum zu schaffen, der weht, wo er will.
- Die Strukturen der Glaubensgemeinschaft müssen hellhörig bleiben auf das, was der Geist Gottes der Gemeinde zu sagen hat.

Dieses Gespür für das Mysterium, diese immer während Wachsamkeit auf den Geist hin, diese Offenheit, laufend das Gegebene im Hinblick auf das Kommende zu transzendieren – das ist das Grundanliegen des Mystikers. Wahre Anbetung geschieht im Geiste und in der Wahrheit. Diese Einsicht Jesu verdeutlicht die Grunddynamik der Mystik (Joh 4, 24).

Die Propheten

Die Propheten fordern: Die symbolischen Ausdrucksformen des religiösen Lebens müssen sich horizontal auswirken in der Gestaltung der Gesellschaft unter dem Leitmotiv der Gerechtigkeit:

- Theologische Reflexion und Verkündigung müssen daher die befreiende Dynamik des Glaubens unmissverständlich artikulieren.
- Gottesdienstformen sollen den Gläubigen helfen, zunehmend barmherziger und bereit zu werden, das Leben miteinander zu teilen.
- Ethische Handlungsanweisungen sind primär dazu da, die Menschen zur ganzheitlichen Umkehr zu bewegen, um die Gaben der Schöpfung gerecht zu verteilen.
- Strukturen des Gemeindelebens sind nur gerechtfertigt, wenn sich die Menschen, besonders die Armen, angenommen und getragen fühlen. »Der Sabbat ist für den Menschen da und nicht der Mensch für den Sabbat« – diese Aussage Jesu artikuliert den Grundansatz der Propheten (Mk 2, 27).

Spannungsverhältnisse

Der Mystiker kommt uns mit einem Lehrauftrag entgegen, der aus seiner inneren Geisterfahrung heraus entsteht. Der Prophet tritt mächtig auf mit einem Sendungsauftrag, der aus der inneren Berufung des Geistes stammt. Letztlich ist jeder Mystiker ein Prophet und jeder Prophet ein Mystiker. Beide stellen etablierte Formen der religiösen Symbole und Strukturen infrage, jeder in seiner Weise; nicht um sie zu vernichten, sondern um sie auf Gott hin zu transzendieren. Daher kommen die beiden unvermeidlich in Konflikt mit den »Amtsträgern«, die für die Bewahrung der Tradition bestellt sind. Die festgefahrenen Strukturen der Religion können die spirituellen Impulse des Mystikers und die geistige Kritik des Propheten nicht ertragen. Sie haben Angst, dass die Strukturen, in denen sie ihre Sicherheit aufbauen, vom Geist gesprengt werden. Der Mystiker wird zum Schweigen gebracht, der Prophet gesteinigt.

Diese Spannungsverhältnisse sind in der Geschichte jeder Religion deutlich erkennbar. Die hinduistischen Brahmanen drängten die upanishadischen Meister und die Bhakti-Mystiker an den Rand; ebenso wenig konnten sie die mystisch-prophetische Kritik des Buddha annehmen. Die Herrschaftsstrukturen Israels schalteten ständig die Propheten aus. Die mittelalterliche Inquisition verfolgte Mystikerinnen und Mystiker und übergab viele von ihnen den Flammen. Die islamischen Autoritätsstrukturen verdrängten die Sufi-Mystiker. In den buddhistischen Kreisen gab es politisierte religiöse Strukturen, welche die Kritik der Weisen nicht wahrhaben wollten. Solche Spannungen sind auch heute in allen Religionen deutlich spürbar.

Dialog zwischen Mystik und Prophetie

Eine Religion, welche die Mystik verdrängt, hat aufgehört, *religio* zu sein, weil sie die Menschen nicht in Rückbindung auf den göttlichen Grund verwandeln kann. Eine Religion, die den prophetischen Ansatz unterdrückt, ist ebenfalls keine *religio* mehr, weil sie nicht dazu beitragen kann, die Strukturen des Lebens auf die ganzheitliche Befreiung des Menschen hin umzugestalten.

Auch in der gesellschaftlichen und kulturellen Entfaltung des mystisch-prophetischen Ansatzes gibt es die Möglichkeit der Verblendung. Mystik aufgrund der Erfahrung des Einzelnen unterliegt der Gefahr des Elitären und des Sektierertums. Prophetischer Einsatz kann von machtpolitischen Anliegen verdorben werden; es entsteht Fundamentalismus. Oder die Gemeinde mauert sich ein. Daher ist es wichtig, dass die Mystiker und die Propheten ihren Boden in der breiten Glaubensgemeinschaft nicht verlieren. Sie brauchen das geistige Erbe und die tragende Gemeinschaft, um kritisch wachsam zu bleiben für die Unterscheidung der Geister. So können sie dem verwandelnden Geist Raum schaffen.

Diese Analyse der *inneren* Dialektik der Religionen zeigt, dass in jeder Religion Spannungen eigentlich unvermeidlich sind. Spirituelles Wachstum ist nur dort möglich, wo Spannungen entstehen und schöpferisch ausgehalten werden. Der eigentliche kreative Weg, mit Spannungen umzugehen, ist der Weg des Dialogs, eines Dialogs zwischen den prophetischen und den mystischen Ansätzen. Dialog bedeutet, den auf dem anderen Pol wirksam werdenden Geist zu erkennen, ernst zu nehmen und sich ihm zu öffnen. Konkret heißt dies aber, einen inneren Dialog zwischen den beiden Ansätzen im Leben der vier Beauftragten der Religi-

33

on: des Theologen, des Priesters, des Gesetzlehrers und des Amtsträgers zu führen. Jeder Theologe z. B. soll in sich selbst den Mystiker beleben und den Propheten wachrufen. Darüber hinaus soll ein fortlaufender Dialog zwischen den vier Beauftragten und den Charismatikern (Mystikern und Propheten) stattfinden. Wozu der Dialog letztlich führen wird, kann man nicht vorherbestimmen. Die Grundoffenheit dem Geist Gottes gegenüber gibt uns den Mut und die Sprache zum Dialog. Letztlich geht es um unsere Anteilnahme am fortlaufenden Dialog Gottes mit den Menschen und um die Wachsamkeit hinzuhorchen, was der Geist in der jeweiligen Situation sagt. Und diese Wachsamkeit ist die größte Herausforderung einer von der Mystik getragenen und von der Prophetie belebten Spiritualität.

4 Vielfalt der Religionen – Einheit der Spiritualität

Das Verbindende in den Religionen

Wenn auch auf der Ebene der religiösen Ausdrucksformen eine enorme Vielfalt existiert, so zeigt sich bei näherer Betrachtung: In der Vielfalt der Religionen ist eine tiefe Einheit der Spiritualität vorhanden, weil alle Religionen letztlich aus dem einen göttlichen Ursprung entstehen. Der eine göttliche Geist waltet in den Herzen aller Menschen, und die eine göttliche Liebe verbindet sie alle. Letztlich geht es in allen Religionen um das Heil des Menschen, obwohl das Heil in vielfältigen Weisen aufgefasst wird. Religion ist der symbolische Ausdruck der Spiritualität. Der transpersonale Geist wird im religiösen Bewusstsein als personaler Gott mit Namen und Formen erfahren. Religion ist die Gestalt der Spiritualität; Spiritualität ist die Tiefendimension der Religion. Wenn wir in diese tiefen Schichten der Spiritualität der Weltreligionen eindringen, können wir drei Grunderfahrungen feststellen.

Das Göttliche als unfassbares Geheimnis

In allen Religionen gibt es das Grundgespür für die Unfassbarkeit des göttlichen Geheimnisses. Obwohl die Religionen ständig versuchen, das Göttliche in vielfältigen Namen und Formen darzustellen, behaupten sie, dass es letztlich um ein Geheimnis geht, das namenlos und formlos bleibt. Eine Grundüberzeugung des israelischen Volkes war und ist, sich kein Gottesbild von Jahwe zu machen (Lev 19,4). Jesus wollte, dass seine Jünger Gott als den Vater in den Himmeln anreden (Mt 6, 9). Die Himmel (im Plural) sind das archetypische Symbol für das Unfassbare, für das Unendliche. Darum sagte Paulus: »Gott wohnt in unzugänglichem Licht« (1 Tim 6, 16). Der islamische Ausruf *Allahu Akbar* bedeutet, Gott ist das Größte, das Unfassbare. Im klassischen Hinduismus wird das Göttliche als *Brahman* bezeichnet; dieses Sanskritwort bedeutet das Immer-Transzendierende, das Unfassbare. Buddha war von dem Geheimnischarakter der letzten Wirklichkeit so betroffen, dass er ihr keinen Namen geben konnte; darum wird das Absolute im Buddhismus als Leere, als *Nichts* aufgefasst. Es geht hier nicht um das Verneinen Gottes, sondern um das Ergriffensein vom Absoluten. Die Mystiker aller dieser Religionen versuchten, die Dimension der Unfassbarkeit des göttlichen Geheimnisses im religiösen Bewusstsein wachzuhalten, damit der Suchende auf das Geheimnis Gottes hin immer offen bleibt. *Deus semper maior!*

Gott als personales Wesen

Der Mensch kann sich nicht einfach mit dem geheimnisvollen Wesen abfinden. Als personales Wesen ist er auf das personale Du angewiesen. Darum braucht er die Erfahrung der Begegnung mit dem personalen Gott. In allen Religionen wird daher der transpersonale und geheimnisvolle Seinsgrund als liebender und heilender Gott dargestellt. Aus dem ewigen Schweigen geht das göttliche Wort *(Logos)* hervor. Juden erfahren es in der Offenbarung von Jahwe als dem Gott, der mit uns und unter uns ist (Ex 3, 14). Christlicher Glaube besagt, dass Gott die Welt so sehr geliebt hat, dass er seinen eingeborenen Sohn in die Welt sandte (Joh 3, 16). Allah, der Allerhöchste, hat durch Mohammed sein Wort geoffenbart, damit die Menschen den rechten Weg erkennen können. In den hinduistischen Traditionen erscheint das eigentlich formlose Göttliche *(nirguna Brahman)* in vielfältigen Formen *(saguna Iswara)*, um den Menschen die Erfahrung der heilenden und rettenden Nähe Gottes erfahrbar zu machen (Bhagavad Gita 4,7). Obwohl im Buddhismus von einem personhaften Gott nicht die Rede ist, erstrahlt aus dem Abgrund der Leere das Licht, das in Buddha zum Durchbruch kam und alle Menschen zum letzten Heilszustand (Nirvana) führt. Auch bei den primären Formen der Religiosität der Stammesvölker in aller Welt kann man Gestalten finden, welche die strafende oder segnende Wirkung des Geistes spürbar machen. Es geht in allen Religionen um den personalen Ausdruck des transpersonalen Seinsgrundes. So wird Gott zum Du im religiösen Bewusstsein der Gläubigen, und daraus entfalten sich vielfältige Formen der Gottesverehrung.

Gott als alles durchwaltender Geist

Gott ist Geist, alles durchdringender Geist in der Welt – dies ist eine universale Erfahrung der Religionen. In den heiligen Schriften und spirituellen Klassikern aller Religionen finden wir eine gemeinsame Aussage: Gott in allem sehen und alles in Gott sehen. Für Juden ist Jahwe der Gott in ihrer Mitte, der Gott, der mit dem Volk geht. Nach der christlichen Offenbarung inkarnierte sich das in allem als Leben und Licht vorhandene Wort Gottes in Jesus Christus; der Geist Gottes wirkt in allen Bereichen des Lebens, um die neue Schöpfung hervorzubringen (Joh 1, 4; 2 Kor 5, 17). Im islamischen Glauben ist die Barmherzigkeit Gottes unter den Menschen wirksam, um sie ständig auf den Heilsweg zu führen. Im Hinduismus ist Gott, »das, woraus alles entsteht, wodurch alles besteht und worin alles eingeht« (Taitiriya Upanishad 3,1); der ganze Kosmos ist daher der Leib Gottes (Bhagavad Gita 11). Der Buddhismus bezeugt, dass die heilende Wirkung des inneren Lichtes, das in Buddha erschien, weiterhin in allen Herzen heilend erstrahlt. Bei den Primärvölkern wird der alles durchwaltende Geist angesprochen.

Insofern Gott so in allen Religionen als der gestaltende Geist erlebt wird, bekommt das menschliche Leben einen neuen Sinnhorizont und eine tiefere Verantwortung. Die daraus folgende ethische Grundhaltung wird ausgedrückt in Vertrauen (Judentum), Liebe (Christentum), Gehorsam (Islam), Selbst-Hingabe (Hinduismus) und Mitgefühl (Buddhismus). Dies alles bedeutet letztlich eine intensive Wahrnehmung der göttlichen Gegenwart in der Welt und eine dementsprechende Lebensumgestaltung.

Einheit in der Vielfalt

Wenn wir in die tieferen Dimensionen der Religionen eindringen, werden wir mit Staunen erkennen, wie die Gläubigen verschiedener Religionen einander näher kommen können. »Die Unterschiede zwischen den Religionen sind weniger wichtig, im Vergleich mit der Einheit, die radikal, grundlegend und entscheidend ist« (Johannes Paul II., Assisi, 1986). Letztlich gehen alle authentischen Erfahrungen aus der einzigen göttlichen

Quelle hervor und vermitteln die heilende Gegenwart des einen göttlichen Geistes. Um diese geistige Tiefe erkennen zu können, müssen die Gläubigen jeder Religion die Schriften der anderen mit großer Offenheit lesen und die Symbole der anderen mit echter Achtung zu verstehen suchen. Wie kann ich den Nächsten lieben, wenn ich nicht bereit bin, den Gott meines Nächsten zu achten? Die heiligen Schriften aller Religionen bilden das gemeinsame Erbe der Menschheit. Vielfalt der Religionen ist ein Bestandteil des Heilsplanes Gottes. Was wir heute brauchen, ist eine neue Kultur der Offenheit gegenüber dem Geist Gottes, der weht, wo er will.

Jede integrierte Spiritualität braucht diese drei Dimensionen der Gotteserfahrung: *Gott als unfassbares Geheimnis, Gott als liebende Person* und *Gott als heilenden Geist.* Jede Religion beinhaltet diese drei Elemente mit unterschiedlichen Akzenten. Die unterschiedlichen Akzente und die daraus entstehenden Auffassungen und Symbole jeder Religion müssen in ihrer Eigenart respektiert werden. Nur wo Unterschiede geachtet werden, findet Dialog statt. Die drei Elemente der universalen Spiritualität bieten die Grundlage für einen bereichernden Dialog zwischen den Religionen. Und jede Religion ermöglicht den Gläubigen dieser Religion einen Zugang zu dieser Erfahrung durch zentrale Symbole, Personen oder Heilsereignisse. Als Christen haben wir den Zugang zu dieser Heilserfahrung durch Jesus Christus. Nach unserer Glaubenserfahrung ist er der Weg zu der Wahrheit, die das Leben eröffnet. Er ist das Licht, in dem wir Christen die Geschichte deuten und die Schriften verstehen.

Aber unser Glaube an Jesus als den Christus ist kein Urteil über Buddha oder Shiva, über Tora oder Koran. Identität verwirklicht man nicht durch Abgrenzung, sondern durch Beziehung. In allen Symbolen und Schriften erkennen wir den Geist Gottes, der im Herzen aller Menschen das Heil verwirklicht. »Mit den anders glaubenden Menschen sind wir mitpilgernde Schwestern und Brüder; wir alle befinden uns auf dem Weg zu dem Ziel, das uns Gott bereitet.« (Johannes Paul II., Assisi, 1986)

Auf diesem geistigen Pilgerweg tauschen wir mit den Anderen unsere spirituellen Erfahrungen aus. Durch eine solche Kultur des interreligiösen Dialogs wird jede/r in der Kernerfahrung seines/ihres Glaubens tiefer verwurzelt, aber auch offen für die Länge und Breite, für die Höhe und Tiefe der Wirkungshorizonte des göttlichen Geistes.

5 Eine Kultur des interreligiösen Dialoges

Mit den Andersglaubenden unterwegs sein

»Dialog ist die neue Art, Kirche zu sein«, sagte Papst Paul VI. während des Zweiten Vatikanischen Konzils. Das war eine prophetische Aussage. Das zweite Jahrtausend ist durch Religionskriege und Konfessionskonflikte gekennzeichnet. Das dritte Millennium aber wird von einer globalen Kultur des Dialogs geprägt sein. Der Geist Gottes führt Menschen über die Grenzen der Religionen und Kulturen hinaus zu einem spirituellen Prozess der ganzheitlichen Verwandlung und Befreiung. Menschen suchen nicht so sehr äußere Religiosität, sondern innere Spiritualität, einen echten Zugang zur Erfahrung des göttlichen Geistes *(Spiritus)*. Das heißt nicht, dass die Religionen verschwinden oder sich auf das Innere beschränken werden, sondern dass das spirituelle Befreiungspotenzial jeder Religion in der Begegnung mit den anderen Religionen viel spürbarer werden wird. Wir leben in einem ganz neuen Zeitalter des Geistes, einem mystischen Zeitalter. Ein neues, globales spirituelles Bewusstsein bricht langsam auf. Diesen Aufbruch des Geistes wahrzunehmen und ihn zu fördern, darum geht es in der Kultur des Dialogs.

Universalgeschichte ist Heilsgeschichte

Die Entfaltung dieser Kultur des Dialogs stellt neue Anfragen an Theologie und Glaubenspraxis der Christen. Herausgefordert sind wir zu einer pluralistischen Denkart, durch die wir mit den Gläubigen anderer Religionen geistig unterwegs sein können. Menschen anderer Religionen müssen in ihrer religiösen Eigenart angenommen und respektiert werden, und nicht als potenzielle oder anonyme Christen. Gehört nicht die Pluralität der Religionen zum Heilsplan Gottes? Gott hat die Welt in einer überwältigenden Vielfalt geschaffen. Keine zwei Blätter sind genau gleich. Das gilt auch von den Menschen, Sprachen und Kulturen. Die Wirklichkeit ist plural. Vielfalt ist Schönheit. Im Laufe der geistigen Entwicklung der Menschheit haben sich verschiedene Religionen entfaltet, die eigentlich Bestandteile eines einzigen, fortlaufenden Prozesses der Gott-Mensch-Beziehung sind. So gesehen ist Universalgeschichte Heilsgeschichte. Geschichte der Religionen ist im erweiterten Sinne Offenbarungsgeschichte. Zu allen Zeiten und in allen Kulturen ist Gott in ständigem Dialog mit den Menschen. Religionen drücken diesen Heilsdialog aus. Interreligiöser Dialog ist das aufmerksame Hinhorchen auf diesen Dialog Gottes mit der Menschheit.

Papst Johannes Paul II. sagte: »Interreligiöser Dialog ist ein von Gott gewolltes Werk. Durch den interreligiösen Dialog geben wir Gott Raum, in unserer Mitte gegenwärtig zu sein. In dem Maße, wie wir uns gegenseitig im Dialog öffnen, öffnen wir uns für Gott ... Interreligiöser Dialog ist im Innersten immer ein Dialog des Heils, weil er versucht, die Zeichen des Dialogs, den Gott seit Menschenbeginn führt, zu entdecken, zu klären und zu verstehen ... Nach Gottes Willen ist die Entwicklung der Menschheit eine geschwisterliche Pilgerreise, in der wir auf das Ziel hin, das Gott uns gesetzt hat, einander begleiten ... Entweder gehen wir miteinander in Frieden und Harmonie, oder wir gehen auseinander und fügen uns und den anderen Schaden zu« (Rom, 28.4.1987; Madras, 5.2.1986; Rom, 13.11.1992; Assisi, 27.10.1986).

Der universale Offenbarungsdialog Gottes mit den Menschen entwickelt sich geschichtlich nicht in einer einförmigen oder einlinigen Richtung. Er kennt Zeiten einer dichten Gott-Mensch-Begegnung, aber auch solche der Gottferne. Auch im Umgang mit Menschen erleben wir Höhen und Tiefen, Ekstasen und Dürrezeiten. Es gibt im Laufe der Entfaltung des universalen Dialogs Gottes mit den Menschen Gipfelmomente, Augenblicke des verdichteten Durchbruchs des göttlichen Logos in die Welt, Momente der gewaltigen Wirkung des verwandelnden Geistes in der Geschichte, Momente der Gnade, die aber auch einen Auftrag bedeuten. Dann taucht die göttliche Tiefendimension im Spannungsfeld der Geschichte auf: das Ewige im Jetzt. In solchen Momenten erscheint eine Erlösergestalt oder ein Erleuchteter, steht ein Prophet auf oder ein Mystiker, entfaltet sich ein Symbol oder eine Erzählung; ein Buch wird geschrieben oder eine Bewegung ins Leben gerufen. In solchen Formen wird der intensive Augenblick des Durchbruchs Gottes in die Geschichte aufgefangen und ausgedrückt. Nicht selten nimmt zunächst nur eine kleine Gemeinschaft diesen Kairos, diese verdichtete Zeit, wahr und drückt sie in Symbolen aus. Dabei entsteht manchmal eine Religion. So gesehen sind die verschiedenen Religionen Ausdrucksformen des einen, universalen, spirituellen Evolutionsprozesses der Menschheit. Deshalb hat jede Religion eine Heilsbotschaft und auch eine universale Heilsbedeutung. Die Entstehung jeder Religion ist ein Stück Befreiung der Spiritualität aus erstarrter Religiosität. Der Geist Gottes überwindet die Strukturen der Entfremdung im geistlichen Leben der Menschen und öffnet neue Horizonte der Entfaltung.

Gott ist größer als alle Religionen

Aber im Laufe der geschichtlichen Entfaltung trifft jede Religion immer wieder auf kulturelle und wirtschaftliche Gegebenheiten, die den Durchbruch des Geistes zum Teil blockieren. Die Geschichte jeder Religion ist eine ambivalente Geschichte. Die Vielfalt der Religionen ist eine Gnade, aber auch ein Auftrag, in gegenseitiger Beziehung den Gott wahrzunehmen, der größer ist als alle Religionen. Daher ist es wichtig, dass die Religionen in einen sich gegenseitig befragenden und bereichernden Dialog treten. Durch den Dialog erkennen die Gläubigen aller Religionen, dass es letztlich nicht um die Bewahrung der religiösen Traditionen und Strukturen geht, sondern um die spirituelle Befreiung des Menschen kraft des göttlichen Geistes. Auf die religiöse Frage, in welchem Tempel Gott angebetet werden solle, gab Jesus eine spirituelle Antwort: Die Zeit ist gekommen, da ihr weder in diesem noch in jenem Tempel Gott anbetet, sondern im Geiste und in der Wahrheit. Ein mystisches Sich-Öffnen für den göttlichen Geist, der über die Grenzen der Religionen und Kulturen hinaus weht, ist der Ansatz der Kultur des Dialogs. In einer Kultur des Dialogs werden die Grenzen jeder geschichtlich bedingten Religion deutlicher und gleichzeitig wird die verwandelnde Bewegung des Geistes spürbar, der weht, wo er will. Erst im offenen Dialog begreifen die Gläubigen, dass Gott größer ist als alle Religionen, größer als alle Schriften und Formen: *Deus semper maior!*

Im interreligiösen Dialog geht es grundsätzlich um eine echte mitmenschliche Beziehung zu den anders glaubenden Menschen. Die Annäherung der Herzen ist von grundlegenderer Bedeutung als das Miteinander-Sprechen und das gemeinsame Handeln. Durch eine solche Kultur des Dialogs werden die tief in den Religionen sich entfaltenden, konvergierenden Spuren der Spiritualität deutlich wahrnehmbar. In einem gemeinsamen Einsatz mit anders glaubenden Menschen für Gerechtigkeit, Frieden und Bewahrung der Schöpfung wird das befreiende Potenzial jeder Religion wirksam. Der religiöse Mensch der Zukunft wird ein interreligiöser Mensch sein: tief verwurzelt in der Kernerfahrung des eigenen Glaubens versucht er, sich zu den anderen Religionen hin auszustrecken, um von ihnen befruchtet zu werden. Letztlich geht es um das Heil, die ganzheitliche Befreiung des Menschen, geht es darum, dem Geist Raum zu geben.

Wir sind Pilger

Unser Glaube an Jesus Christus als das Fleisch gewordene Wort soll uns für diesen Geist sensibler machen, damit wir mit den Gläubigen anderer Religionen geistig unterwegs sein können. In diesem Unterwegs-Sein entfaltet sich die Kirche der Zukunft als pilgerndes Volk Gottes (II. Vat. Konzil, LG 6, AG 2). Auf diesem Pilgerweg teilen wir mit den anderen in einer glaubwürdigen Weise unsere Christuserfahrung und lassen uns von den Erfahrungen der anderen bereichern. Es geht dabei nicht um die Festigung und Ausdehnung der religiösen Traditionen, sondern um die Verwandlung des Menschen durch die spirituelle Kraft des Reiches Gottes, das Jesus verkündigt hat. Wir Christen können nicht mit Absolutheitsansprüchen auftreten, sondern sollten uns zusammen mit den anders glaubenden Schwestern und Brüdern als *Mitpilgernde* betrachten (Johannes Paul II.). Christsein in der Zukunft wird sich nicht so sehr innerhalb der religiösen Grenzen einer konfessionellen Kirche entfalten, sondern vielmehr auf die immer weiteren, spirituellen Horizonte des Reiches Gottes hin. Dazu hat uns Jesus befreit!

Mystik

6 Die Einheits-erfahrung Jesu

Die Grundlage der christlichen Mystik

Es gibt zwei Ursymbole, um über das Göttliche in Ausdrücken personaler Beziehung zu sprechen: Vater und Mutter. In den meisten ursprünglichen Religionen (z. B. antiken Religionen, Naturreligionen, Stammesreligionen) werden diese Symbole überreich benutzt. In den semitischen Religionen (Judentum, Christentum, Islam) gibt es eine Vorherrschaft des Vater-Symbols, während in den indischen Religionen das Mutter-Symbol dominiert. Jesus gehörte dem semitischen Kulturkreis an, und folglich ist seine Redeweise in beachtlichem Maße geprägt durch die historischen und kulturellen Faktoren seines Landes.

Andererseits aber hat die Person Jesu mit ihrer Heilsbotschaft eine universale Bedeutung. Daher ist das Anliegen berechtigt, mit der Sensibilität der östlichen Religionen nach der Mütterlichkeit Gottes zu fragen, danach, ob die Erfahrung Jesu nicht doch auch mütterliche Züge beinhaltet. Ich habe oft mit meinen Hindu-Freunden das Johannesevangelium gelesen, und sie haben mich auf einige Grunddimensionen der mystischen Erfahrung Jesu aufmerksam gemacht.

Mit seinem semitischen Kultur- und Sprachhintergrund hat Jesus Gott nicht als Mutter angesprochen. Bedeutet das, dass die mütterliche Dimension der Gotteserfahrung in seinem Leben und Wirken nicht vorhanden war? Oder ist es vielleicht möglich, unter die Oberfläche von Sprache und Ausdrucksweise zu tauchen, um die tieferen Dimensionen von Jesu Erfahrung des Göttlichen zu entdecken? Solch ein meditativer Zugang in die innere Welt Jesu könnte offenbaren, dass die vaterbezogene Sprache Jesu sich durchaus aus einer mutterbezogenen Erfahrung des Göttlichen entwickelte. Dies soll hier im Licht des Johannesevangeliums aufgezeigt werden.

Die Abba-Rede Jesu

Es ist in der Vergangenheit zu Recht betont worden, dass der Gebrauch des Vater-Symbols durch Jesus einzigartig ist: Jesus sprach von Gott als »meinem Vater« mit einer tiefen Vertrautheit (Joh 2, 16; 5, 17; 6, 32; 8, 19; 15, 8). Wenn Jesus Gott ansprach, gebrauchte er die Anrede Vater ohne jede nähere Bestimmung (Joh 17,1.5.11.21.25; Mt 11, 25; Mk 14, 36; Lk 10, 21; 23, 34.46). Der Ausdruck *Abba* bedeutet in seiner aramäischen Muttersprache eigentlich Papa, eine Vater-Anrede, die in zärtlicher Weise vom Vater spricht.

So hat Jesus nicht nur über Gott als Vater gesprochen, sondern durch seine Abba-Anrede seine tiefste Vertrautheit mit Gott offenbart. Das ist etwas, was die semitische kulturelle Psyche überschreitet. Folglich ist es für uns wichtig, dass wir die Begrenzung durch kulturelle Faktoren überschreiten und die tiefere Bedeutung von Jesu Erfahrung eröffnen.

Die Juden hatten zur Zeit Jesu bereits Gebetsformen, die sich an Gott als Vater richteten. Daher wirkte Jesu Gebrauch dieses Wortes nicht anstößig. Und dennoch heißt es, dass die Menschen Steine aufhoben, um sie auf Jesus zu werfen, als er von Gott als seinem Vater sprach (Joh 8, 59; 10, 39). Es scheint so, dass sie Blasphemie, Gotteslästerung aus seinem Gebrauch des Terminus Vater heraushörten: »Er sprach von Gott als seinem Vater und machte sich so Gott gleich.« (Joh 5, 18).

Ein Nachdenken über Jesu Anrufung Gottes verlangt deshalb, dass wir die Abgrenzungen der patriarchalen Kultur hinter uns lassen und die mystische Bedeutung von Jesu Redeweise erfassen. Denn Jesu Gottesbewusstsein kann nicht allein durch Sprachformen der semitischen Kultur erklärt werden, so wichtig das auch ist. Entscheidend ist nicht so sehr die Sprache, entscheidend ist vielmehr die Tiefenerfahrung.

Über die Begriffe hinausgehen!

Die indischen Weisen fordern: Die wahren Suchenden müssen im Streben nach dem Göttlichen unablässig hinter die Sphäre von Namen und Formen (nama roopa) gehen. Auch die christlichen Mystiker verlangen, dass wir über alle Begriffe hinaus das Göttliche suchen sollen. »Nicht im Begreifen wird die Größe der göttlichen Natur einsichtig, sondern im Entgleiten aus jedem zugreifenden Vorstellungsbild und jedem Vermögen. Jede Aussagekraft des Wortes bleibt versagend zurück« (Gregor von Nyssa, Komment. zum Hohenlied). Augustinus warnt: »Wenn du Gott begriffen hast, ist es nicht Gott« (PL. 8.663). Dem unfassbaren Geheimnis des Göttlichen kann der Gott suchende Mensch sich nur durch »die strahlende Finsternis« öffnen (Dionysios Areopagita). Durch »die innere Entleerung« (Meister Eckhart), durch »coniunctio oppositorum« (Nikolaus von Kues), durch »die Dunkelheit der Seele« (Bonaventura), durch die

»Wolke des Nichtwissens« (anonymer englischer Mystiker, 14. Jh.), durch »die göttliche Finsternis« (Johannes Tauler), durch »die dunkle Nacht der Seele« (Johannes vom Kreuz). Das gilt auch für die Interpretation einer konkret erfahrenen göttlichen Offenbarung. Kein einzelnes Symbol kann das Mysterium des Göttlichen voll ausschöpfen. Das Finitum kann das Infinitum nicht ganz auffangen. Daher ist jeder Name und jede Form, jegliches religiöse Symbol fragmentarisch, bloßes Stückwerk im Verhältnis zum unergründlichen Geheimnis, das sich menschlichem Zugriff entzieht. So kann die Suche nach Gott nicht Halt machen bei den Erfahrungen der Vergangenheit, darf sich nicht fixieren auf bestimmte Namen und Gestalten. Gottsuche bedeutet vielmehr eine innere, nie endende Pilgerschaft. Allein diese Haltung lässt den Suchenden in die innerste Tiefe des Mysteriums der Wirklichkeit vordringen.

Das göttliche Bewusstsein Jesu

Auf diesem inneren Pilgerweg sollen wir Jesus begegnen. Im Gottesbewusstsein Jesu, ausgedrückt in der Form der Vater-Sohn-Beziehung, können drei Dimensionen festgestellt werden:

»Der Vater hat mich gesandt«
(Joh 4,34; 5,36–38; 7,28.29; 10,36; 17,3):

Jesus hatte das klare Bewusstsein, vom Vater gesandt zu sein. Der Vater ist hier derjenige, der den Sohn mit einem Erlösungsauftrag in die Welt sendet. Der Sohn versteht seinen Auftrag als »den Willen des Vaters tun« (Joh 4, 34; 5, 30; 6, 38), »das Werk des Vaters vollenden« (Joh 4, 34; 10, 25.37; 14, 31; 17, 4). Wahrzunehmen ist dabei eine Unterscheidung zwischen demjenigen, der sendet, und demjenigen, der gesandt wird. Die Beziehung zwischen Vater und Sohn ist eine *interpersonale* Beziehung.

»Ich bin im Vater und der Vater ist in mir«
(Joh 10,38; 14,10.20; 17,21.23):

Jesus wusste, dass der Vater, der ihn sandte, mit ihm und in ihm ist (Joh 8,16.29; 14,10; 16,32). Der Vater ist derjenige, der dem Sohn von innen her Leben schenkt. So wird der Sohn fortwährend vom Vater geboren (Joh 5, 26; 6, 57; 16, 28). Anders ausgedrückt: Der Vater ist Quelle und Erzeuger des Sohnes. Der Sohn ist Ausdruck und Entfaltung des Vaters (Joh 12, 49; 14, 10). Die Beziehung zwischen Vater und Sohn ist eine *intrapersonale* Beziehung.

»Der Vater und ich sind eins«
(Joh 10,30; 17,11.21):

Hier artikuliert sich Jesu tiefste Erfahrung des Göttlichen. Jesus hatte das Bewusstsein, dass sein Leben und Wirken, sein ganzes Sein, vollkommen transparent ist auf die göttliche Quelle hin, die er Vater nannte. Vater und Sohn sind wesentlich eins. Das Sein des Vaters entfaltet sich durch das Sein des Sohnes. Zwischen ihnen ist absolute Seins-Einheit. Die Beziehung zwischen Vater und Sohn ist eine *transpersonale* Beziehung in dem Sinne, dass sie weit hinausgeht über die personalistischen Strukturen menschlichen Denkens.

Diese drei Aspekte des Bewusstseins Jesu sollen nicht verstanden werden als drei Phasen oder Sphären, sondern als drei – eine Einheit bildende – Dimensionen seines Gottesbewusstseins. Obwohl das Evangelium das *eine* Symbol Vater gebraucht, um alle drei Dimensionen zu umschreiben – vorgegeben durch die semitische Sprache und die patriarchale Kultur seiner Zeit – könnte man fragen, ob diese Redeweise nicht einen tieferen spirituellen Sinn besitzt.

Der Vater als der Mutterboden

Da die Ursymbole Vater und Mutter der ursprünglichen menschlichen Erfahrung entstammen, mag es sinnvoll sein, ihre Bedeutung im Lebenszusammenhang zu untersuchen. Beobachte ein kleines Kind, das auf dem Schoß seines Vaters sitzt und sich zärtlich an den Körper des Vaters schmiegt. Der Körperkontakt mit dem Vater ruft im Kind eine bestimmte gefühlsmäßige Antwort hervor. Es fühlt die schützende und stärkende Kraft des Vaters, in dessen Händen es Sicherheit erfährt. Im Vater entdeckt das Kind das große Du; die Beziehung ist eine interpersonale: eine Ich-Du-Beziehung. Es ist der Vater, mit dem das Kind die Urerfahrung der Begegnung mit dem anderen macht: Der Vater ist größer als ich. Das Kind empfindet den Vater als Gegenüber. Der Vater fordert es auf zu wachsen, stellt Fragen und festigt so die Individualität des Kindes.

Und nun blicke auf das gleiche Kind, wie es auf dem Schoß seiner Mutter liegt und gestillt wird. Das ist ein intensiverer Körperkontakt, denn hier geschieht ein Fluss vitalen Saftes vom Körper der Mutter zu dem des Kindes. Das Kind empfindet ein tiefes Eins-Sein mit der Mutter. Für das Kind ist die Mutter das große Ich; die Beziehung ist eine intrapersonale: Ich bin in der Mutter und die Mutter ist in mir; ich lebe durch sie. Es ist also die Mutter, durch die das Kind die Urerfahrung des Ich-Seins bekommt und Selbstvertrauen entwickelt. Das Kind begegnet der Mutter nicht als jemandem vor sich, sondern als der Quelle seines Lebens. Die Mutter ist im Kind und das Kind ist in der Mutter. Die Mutter bedeutet für das Kind Kraft, Leben, Wachstum.

Die Einheit stiftende Erfahrung des Kindes im Verhältnis zu seinem Vater und zu seiner Mutter mag uns helfen, das Geheimnis von Jesu Erfahrung des Göttlichen zu begreifen. Jesus erfuhr Gott als Vater-und-Mutter: als Du in einer interpersonalen Weise und als wahres Ich (Selbst) auf einem intrapersonalen Weg.

In den Worten »Der Vater ist größer als ich«, »Der Vater hat mich gesandt«, »Es ist meines Vaters Wille«, »Ich tue, was der Vater mir aufgetragen hat zu tun«, ist die interpersonale Ich-Du-Beziehung mit dem Vater augenfällig (Joh 5, 36; 6, 39; 14, 31; 14, 28). »Ich bin in meinem Vater und der Vater ist in mir«, »Ich komme aus dem Vater«, »Ich beziehe Leben vom Vater« (Joh 14, 10; 17, 21; 16, 28; 8, 42; 6, 57). In diesen Worten entfaltet sich eine intrapersonale Ich-Selbst-Beziehung mit der Mutter. In diesem letzten Bezugsrahmen erfuhr Jesus das Göttliche als Mutterschoß, als Grund des Seins und Quelle des Lebens. Gerade durch diese intrapersonale Erfahrung der mütterlichen Dimension Gottes erreicht seine interpersonale Beziehung zu Gott die transpersonale Einheit mit dem Göttlichen: »Ich und der Vater sind eins« (Joh 10, 30).

Tief in seinem Inneren erfuhr Jesus das Göttliche als Mutter, obwohl diese Erfahrung ausgesprochen wurde durch das Symbol des Vaters. Ohne Jesu Erfahrung der Einheit mit dem Göttlichen, also der Mutter-Dimension, Aufmerksamkeit zu schenken, können wir von ihm nicht wirklich als vom Sohn Gottes sprechen. Jesus ist Sohn Gottes nicht im Sinne von Israels Königen, nicht wie »alle, die vom Geist geleitet sind« (Röm 8, 14), sondern im Sinne von: gleicher Natur mit dem Vater sein *(homo-ousios)*. Er ist Sohn nicht durch Adoption oder Berufung, sondern von Natur – in ewiger Präexistenz. Die innertrinitarische Einheit (Einheit der Dreifaltigkeit) kann nur angemessen ausgedrückt werden, wenn Jesu Erfahrung des Göttlichen als Mutter ernst genommen wird. Im Bewusstsein Jesu ist Gott väterliche Mutter und mütterlicher Vater zugleich, ist Person und Kraft, Du und Ich, ist ihm gegenüber und in ihm, ist »größer als er« und gleichzeitig »eins mit ihm«.

Symbole der Mütterlichkeit

Jesus erfuhr Gott als das Woraus seines Seins, als den Mutterboden, woraus er ständig Leben empfing. Darum konnte er mit einer einmaligen Intimität von seiner Beziehung mit dem Vater sprechen. Diese innere Tiefenerfahrung wird durch die archetypischen Symbole des Johannesevangeliums zum Ausdruck gebracht. Wir nehmen hier drei Symbole für unsere Betrachtung:

Der Baum

Jesus sprach von sich selbst als dem Weinstock (Joh 15, 5). Kein Weinstock oder Baumstamm steht durch sich selbst; er ist getragen und belebt von den in der Mutter Erde verborgenen Wurzeln. Die Wurzel, welche die Lebensquelle ist, lässt auch den Stamm zur Lebensquelle werden (Joh 5, 26). Genau wie der Stamm die Leben spendende Wurzel erfährt, so erfuhr Jesus den Vater. Die im Schoß von Mutter Erde verborgene Wurzel ist ein archetypisches Symbol für die Mütterlichkeit des Göttlichen.

Der Brunnen

Jesus beschreibt sich selbst als Brunnen, der das Wasser göttlichen Lebens schenkt (Joh 4, 14; 7, 38). Ein Brunnen ist die Öffnung im Mutterschoß der Erde. Jesus konnte »Ströme lebendigen Wassers«, den Geist, anbieten (Joh 7, 37), denn er war von dem Bewusstsein getragen, dass in ihm und durch ihn die göttlichen Quellen eröffnet waren: »Ich komme vom Vater her«, »Der Vater, der die Quelle des Lebens ist, hat den Sohn zur Quelle des Lebens werden lassen« (vgl. Joh 8, 14. 42; 6, 57; 5, 26). Jesus erfuhr den Vater also als die sich selbst verströmende mütterliche Quelle; er, der Sohn, ist der Brunnen, der die Quelle öffnet, und der Geist ist das Wasser göttlichen Lebens. In dieser Sprache archetypischer Bilder weisen die verborgenen Quellen symbolhaft auf die Mütterlichkeit des Göttlichen hin.

Das Wort

Das Johannesevangelium beginnt mit dem Hymnus des Logos. Jesus verstand sich selbst als das »Wort, das Gott ist«: Wort von Gott und mit Gott, Wort in Gott und aus Gott (vgl. Joh 1, 1–18). Jesus verstand sich als die Artikulation des Wortes seines Vaters. »Was ich rede, kommt nicht aus mir selbst, sondern aus dem Inneren des Vaters« (Joh 12, 49). Der Vater ist also das wahre *Selbst*, das durch den Sohn spricht. Aus dem Mutterschoß des göttlichen Schweigens wird das Wort geboren. Auch das ist ein archetypisches Symbol der Mütterlichkeit des Göttlichen.

Der mütterliche Vater

Der Prolog des Johannesevangeliums endet mit einer eindrucksvollen Bildrede: Der Sohn schmiegt sich an die stillende Brust des Vaters (Joh 1,1–2; 7,16; 14,10). Das griechische Wort *kolpos* ist oft übersetzt worden als Busen oder Herz. Aber es hat auch die Bedeutung »stillende Brust der Mutter«: Die griechische

Präposition *eis* bezeichnet dabei eine Bewegung auf etwas hin, eine Bewegung der Anhänglichkeit, ein Sich-an-jemanden-An-schmiegen. Daher bietet der Ausdruck *eis ton kolpon* das Bild eines Kindes, das sich an die nährende Brust seiner Mutter schmiegt: »Niemand hat jemals Gott gesehen außer dem einzig-geborenen Sohn, der ruht an der nährenden Brust seines (gött-lich-mütterlichen) Vaters« (Joh 1, 18).

Mit der Erfahrung des Göttlichen als Mutter verstand Jesus sich selbst als die Eröffnung der göttlich-mütterlichen Quelle: als der Brunnen (Sohn), der den Ursprung (Vater) öffnet und das Was-ser (Geist) ausströmen lässt. »Der Vater, der die Quelle des Le-bens ist, hat den Sohn zur Quelle des Lebens gemacht« (Joh 5, 26). Folglich konnte Jesus die Menschen begeistert einladen zu der in ihm eröffneten, göttlichen Quelle: »Kommt und trinkt von mir« (vgl. Joh 7, 38; 4, 14). Wer kann das sagen, außer eine Mutter zu ihrem Kind? Genau wie die Milch aus dem Leib der Mutter zum Lebenssaft für das Kind wird, so wird das lebendige Wasser, das der Glaubende von Christus trinkt, in ihm zu einer Springflut zum ewigen Leben (Joh 4, 14; 7, 39). Jesus verstand sich selbst als die Verkörperung der erbarmenden und Leben spendenden mütterlichen Liebe Gottes – hervorgebracht aus dem Mutterschoß des Göttlichen.

Kirchenväter wie Origenes, Tertullian, Hippolytus, Athanasius und Ambrosius haben über diesen archetypischen Symbolismus nachgedacht, indem sie vom Göttlichen als Dreifaltigkeit spra-chen. Das Glaubensbekenntnis des Konzils von Toledo (675) bietet eine aufschlussreiche Passage: »*Filius natus vel genitus est de utero Patris*« (»Der Sohn ist geboren« oder gezeugt aus dem Mut-terschoß des Vaters»). Im Mittelalter gab es in der Kirche sogar eine Tendenz der Verehrung Jesu als Mutter. Eine Wiederentdeckung dieser Mutter-Dimension des Göttlichen in Theologie und Spiritualität ist dringend notwendig.

Die Erfahrung der Mütterlichkeit des Göttlichen ist eine Grunderfahrung der christlichen Mystik. Eine Spiritualität, die davon genährt wird, kann heute bedeutende Auswirkung auf die Gestaltung des Glaubenslebens haben. Unser Umgang mit anderen Menschen wird dadurch viel barmherziger, mit den anders glaubenden Menschen viel toleranter und mit der Natur viel harmonischer. Man entwickelt eine zunehmende Sensibilität dafür, an dem Leiden der anderen teilzuhaben; und daraus strömt eine heilende Kraft, die im Leben Jesu sehr spürbar war. Eine Wiederbelebung der mystischen Erfahrung der Mütterlichkeit Gottes kann auch als Kritik an der Tendenz zur Institutionalisierung der kirchlichen Ämter wie auch an der Neigung zur Dogmatisierung der Glaubensinhalte gelten. Theologie wird von der Theosophie bereichert. Die Glaubensgemeinschaft wird dadurch viel mehr Raum für die Charismen der Einzelnen lassen. Unsere Gottesdienste können wir dann mit den Ursymbolen der Natur beleben und unser Gebet durch die kontemplative Stille vertiefen. Der Leib wird als Tempel des göttlichen Geistes erfahren. Ebenso wird die Erde wahrgenommen nicht einfach als Materie, sondern geachtet als der ernährende Mutterboden unserer Lebensentfaltung.

Eine von der Mystik geprägte, von der Öffnung zu den anderen Religionen bereicherte, von der heilenden Kraft des Geistes erfüllte und vom ökologischen Ansatz belebte Spiritualität – das ist der Auftrag, den Jesus uns aus seiner mütterlichen Gotteserfahrung gibt.

7 Der innergöttliche Lebensprozess

Eine Meditation über die Dreifaltigkeit mit dem Baumsymbol

Der Begriff Trinität ist im Neuen Testament nicht zu finden. Die uns vertraute Formel »ein Wesen in drei Personen« ist ebenfalls keine biblische Sprechweise. Der eigentliche Ursprung des Trinitätsglaubens ist die Tiefenerfahrung Jesu. Jesus erkannte sich als das Selbstherausfließen des Göttlichen. Daher bezeichnete er das göttliche Woraus als den *Vater*, sich als das Wodurch, den *Sohn*, und die Kraft des Göttlichen als den *Geist*. Um seine Tiefenerfahrung auszudrücken, verwendete Jesus dichterische Symbole. Das Symbol ist die eigentliche Sprachgestalt der tieferen geistlichen Erfahrung. Eine Rückbesinnung auf die Sprache Jesu eröffnet, wenn es um die Vermittlung von Glaubenserfahrung geht, leichter den Zugang zum Mysterium Gottes als das Beharren auf einer dogmatischen Formel.

Der Vater als der Wurzelstock

Wir möchten hier das Symbol des Baumes etwas näher meditieren. Der Baum wächst aus dem verborgenen Wurzelgrund, der das Symbol des unfassbaren göttlichen Grundes ist. Keiner sieht die Wurzel. Und diesen göttlichen Wurzelgrund nannte Jesus Vater. »Niemand hat den Vater je gesehen; keiner hat seine

Stimme gehört« (Joh 1, 18; 5, 37). Wenn man den Baum fragt, woher er kommt, käme die Antwort: »Ich weiß, woher ich komme; ihr aber wisst es nicht« (Joh 8, 14). Im mystischen Selbstbewusstsein Jesu ist der Vater der verborgene Wurzelstock, aus dem er kam. Der Vater ist das Woraus des Baumes. Jesus hatte diese Erfahrung des Hervortretens aus dem Wurzelboden des Vaters: »Vom Vater bin ich ausgegangen« (Joh 13, 3; 8, 42; 16, 28; 17, 8). Aber das Heraustreten bedeutet keine Trennung: »Ich bin im Vater, der Vater ist in mir. Ich und der Vater sind eins« (Joh 10, 30. 38; 14, 10; 17, 21). Jesus lebte in diesem tiefsten, göttlichen Einheitsbewusstsein.

Der Sohn als der Stamm

Der Wurzelstock öffnet sich im Stamm. Der Stamm ist das Selbstheraustreten der verborgenen Wurzel. Der Sohn ist das Selbstherausfließen des Vaters. Mit einer Art Stammbewusstsein sagte Jesus: »Ich hole das Leben aus dem Vater« (Joh 6, 57). »Der Vater, die Urquelle des Lebens, hat dem Sohn gegeben, das Leben zu vermitteln« (Joh 5, 26). Ständig sendet der Wurzelboden den Stamm aus. »Der Vater, der mich ausgesandt hat, ist bei mir ... in mir ... ich in ihm« (Joh 8, 29; 10, 30; 17, 21). Darum konnte Jesus mit einem tiefen Gottesbewusstsein sagen: »Wer mich sieht, sieht den Vater« (Joh 14, 9). »Wer mich hört, hört den Vater; die Worte, die ich spreche, sind nicht meine Worte, sondern die Worte des Vaters« (Joh 14, 10. 24; 12, 49) Durch den Stamm erkennt man die Wurzel; durch den Sohn erkennt man den Vater (Joh 14, 7. 9). Der Stamm ist der eigentliche Weg zum Wurzelstock. Niemand erreicht die Wurzel außer durch den Stamm; keiner erreicht den Vater außer durch den Sohn (Joh 14, 6). Der Stamm ist eigentlich der Sohn (die Tochter) der Wurzel. Ständig gebiert die Wurzel den Stamm.

Der Geist als der Lebenssaft

Aus der verborgenen Tiefe des Wurzelstocks fließt der Saft des Baumes durch den Stamm. Geist ist der Saft im Göttlichen. Geist ist Wasser, das Leben spendende Wasser (Joh 7,39). Der Geist fließt wie der Saft des Baumes aus dem Vater zum Sohn und vom Sohn zum Vater zurück in gegenseitiger Durchdringung *(Perichorese)*. Der Geist ist das göttliche Lebensprinzip, das den Vater und den Sohn in Wesenseinheit verbindet. In diesem Bewusstsein sprach Jesus von dem vom Vater ausgehenden Geist (Joh 15, 26), der durch den Sohn wie durch einen Brunnen hervorsprudelt (Joh 7, 39). Der Geist ist das Selbstausgießen der göttlichen Liebe (Röm 5, 5) und das Selbstausströmen des göttlichen Lebens (Joh 6, 63), das Selbstausstrahlen des göttlichen Lichtes (Joh 8,12) und die Selbstoffenbarung der göttlichen Wahrheit (Joh 14, 17; 16, 13). Und Jesus spürte ständig diese Dynamik des Geistes in sich: »Der Geist hat mich gesalbt und ausgesandt« (Lk 4, 18; 4,1). Er verstand sich als Brunnen, aus dessen väterlicher Quelle das Wasser des Geistes hervorströmte (Joh 7, 37–39; 4, 14). Er lud die Menschen ein, aus diesem göttlichen Wasser des Geistes immer neu geboren zu werden (Joh 3, 5).

Die Dreifaltigkeit

Das Symbol Vater weist auf das Verborgene im Göttlichen; der Sohn ist das Heraustreten des Göttlichen; der Geist ist die Kraft des Göttlichen. In der Dreieinheit des Vaters, des Sohnes und des Geistes wird der innergöttliche Lebensstrom bildhaft dargestellt: Gott ist der lebendige, der ständig aus sich heraustretende Gott. Und diese Grunddynamik des Göttlichen ist die Liebe. »Gott ist der Dreieinige« bedeutet: Gott ist Liebe, die das Leben ausströmt und das Licht ausstrahlt. Die alten Kirchenväter sprachen in einer farbenreichen Symbolsprache über das Geheimnis der Dreifaltigkeit:

>Gott hat das Wort hervorgebracht
wie die Wurzel den Sprossling hervorbringt,
wie die Sonne den Lichtstrahl hervorbringt.
All diese Ausdrucksformen sind eigentlich
das Ausfließen des Wesens aus ihren jeweiligen Ursprüngen.
Denn der Sprossling ist der Sohn der Wurzel,
der Strom ist der Sohn der Quelle,
der Lichtstrahl ist der Sohn der Sonne.
Jeder Ursprung ist der Mutterboden
und jedes Hervorgebrachte ist das Geborene aus dem Ursprung.
Noch mehr gilt es für das Wort Gottes,
das den Namen Sohn im eigentlichen Sinne erhalten hat.

(Tertullian, Adv. Praxean 4)

Der Vater ist die verborgene Quelle und die Wurzel des Seins des Sohnes (Ambrosius, ML. 16,642; Tertullian, Apol. 21,11). Der Sohn geht aus dem Vater hervor wie der Strahl aus der Sonne, wie der Fluss aus der Quelle (Hippolytus, MG. 10,817; Athanasius, MG. 26,328). Der Geist ist wie das Licht, das aus dem göttlichen Feuer erstrahlt (Athenagoras, MG. 7,1173). Der Sohn ist geboren aus der Quelle, die der Vater ist (Origenes, Joh 3,5). Der Sohn ist geboren aus der Gebärmutter des Vaters (*de utero Patris*: Ambrosius, ML. 16, 642). In allen diesen Symbolen geht es um eine tiefe Wahrnehmung des innergöttlichen Lebensprozesses: *Gottes Sein ist im Werden.* Gott ist nicht wie ein statisch in sich ruhender, geschlossener Stausee, sondern wie ein Bergsee, der sich ständig ergießt, und doch als See bleibt, weil es die verborgenen Quellen gibt. Und in dieses Herausfließen sind wir zusammen mit der ganzen Schöpfung einbezogen und ständig verwandelt. Unser Leben entfaltet sich nicht *vor* Gott, sondern *im* Göttlichen, im innertrinitarischen Lebensprozess. Die

Blätter des Baumes entfalten sich aus dem Wurzelstock durch den Stamm im Strom des Lebenssaftes.

Wenn wir mit dem archetypischen Symbol des Baumes versuchen, über das Geheimnis des Göttlichen zu meditieren, werden viele Aspekte der Dreifaltigkeit eine neue Sinnweite bekommen: Allerdings sollten wir jede Aussage über die innertrinitarische Beziehung lediglich als fragmentarische Ahnung verstehen und nicht an Formeln festhalten.

Gott in sich – das ist der Vater;
Gott außer sich ist der Sohn,
    Gott zu sich ist der Geist.
    Gott über allem (Vater),
    Gott durch alles (Sohn),
    Gott in allem (Geist) (Eph 4, 6).
Der Vater ist der ursprungslose Ursprung;
der Sohn ist die Selbstmitteilung Gottes;
der Geist ist die heilende Gnade.
    Der Vater ist die Eigenständigkeit Gottes,
    der Sohn die Freiheit Gottes,
    der Geist die Relationalität Gottes.
Der Vater weist auf die Transzendenz,
der Sohn auf die Immanenz,
der Geist auf die Transparenz des göttlichen Seins.
    Der Vater ist das ewige Schweigen im verborgenen göttlichen Grund;
    der Sohn ist das Wort *(Logos)*,
    das aus dem Schweigen hervorgeht;
    der Geist ist die Weisheit *(Sophia).*

Eine indische Deutung der Trinität

In den upanishadischen Meditationen tauchen ebenfalls Bilder der Dreieinigkeit im göttlichen Lebensprozess auf. So könnte man mit der Formel *Sat-chit-ananda* sagen:

Der Vater ist der Grund des Seins *(sat)*,
der Sohn ist das Denkprinzip *(chit)*, welches das Sein öffnet,
der Geist ist die Freude *(ananda)*, die daraus hervorströmt.
Der Vater ist die Seinsmäßigkeit *(satyam)*,
der Sohn ist das Gnadenhafte *(sivam)*,
der Geist die Schönheit *(sundaram)* des göttlichen Geheimnisses.

Um zu dieser Tiefenerfahrung des Durchbruchs des Göttlichen zu kommen, empfehlen die Meister die Meditation mit dem Mantra OM. OM besteht aus drei Lauten, A, U, und M: A ist der Anfang, U die Mitte und M das Ende. AUM (ausgesprochen als OM) bezeichnet also das All-Ganze, das Alles-Durchdringende, das Alles-Verwandelnde. So wird OM als der Urlaut, als Laut Gottes wahrgenommen. Im Anfang war OM, die Urschwingung, woraus sich die gesamte kosmische Wirklichkeit als Schwingung entfaltet. Wenn der Meditierende in innerer Sammlung wiederholend OM summt und in die tieferen Schichten des Bewusstseins gelangt, erfährt er kraft des Lichtes Gottes den innergöttlichen Lebensvorgang. Abhishiktananda, der französische Benediktiner, der jahrelang in Indien lebte und in die upanishadische Erfahrungstiefe eintauchte, gibt eine christliche Deutung seiner OM-Erfahrung:

»Ein OM, das aus dem Schweigen des Vaters ausgegangen ist und sich im Schweigen des Geistes verliert, sich aber gewissermaßen in seiner Mitte öffnet, um vom Worte gesagt zu werden.

Ein OM, das gleichzeitig die ganze Bewegung Gottes zu sich hin und die ganze Ruhe Gottes in sich besingt.

Ein OM, das von der Mitteilung der Fülle an den Sohn und den Geist spricht – und im Sohne auch an alle die, welche diese Gabe angenommen haben – und von der Rückkehr dieser Fülle zum Vater.

Ein OM, das gerade durch diese Rückkehr mit dem Abba, Vater, eins geworden ist, das der Sohn ewig singt und der Geist im Herzen der Heiligen murmelt.

OM, das ist der Aufgang des Seins im Vater (sat); OM ist das Erwachen des Seins zu sich im Sohn (chit). Das OM des Geistes ist das Erschauern (ananda) am Ende des Klangs dieser Silbe, das den Geist in Gott und in der Schöpfung versinnbildet.

Auch ich singe es. Ich spreche das OM, das im Vater seine Quelle hat, in mir aufbricht, im Geiste zum Schweigen gelangt.

Ich bin das OM, das der Vater durch den Sohn im Geiste spricht, das OM, das die unendliche Spannung Gottes zu sich in mir ausdrückt.

Ich singe den Sat-chit-ananda dem Vater durch den Sohn im Geiste.

Ich besinge die Herrlichkeit des Sat-chit-ananda für den Vater durch den Sohn im Geiste.

Ich bin selber die Herrlichkeit des Sat-chit-ananda in meiner Berufung zum Sein vom Vater her im Sohn durch den Geist.»

(Swami Abhishiktananda (Dom LeSaux), Indische Weisheit und Christliche Mystik, München 1968, 213–215)

8 Christus in uns erfahren

Das Leben in Christus

Einmal war ich Gast bei einem Hindu-Freund. Vor seinem Meditationssitz hingen drei Bilder nebeneinander: Buddha, Shiva und Christus. Ich fragte ihn, wie er den Zusammenhang zwischen diesen drei Gestalten sehe. Da sagte er: Für mich sind diese drei Gestalten nicht Gegenstände der Verehrung, sondern Instände der Erfahrung, drei Verkörperungsformen des einen, einzigen Zugangs zum göttlichen Grund.

Er hat mir dann dazu Folgendes weiter erläutert: In Buddha ist das Absolute im menschlichen Bewusstsein erwacht, in Christus ist die unendliche Liebe Gottes den Menschen erschlossen; in Shiva ist die alles neugestaltende, universale Gegenwart Gottes verkörpert. Die daraus gewachsenen Religionen haben allerdings diese drei Gestalten des göttlichen Durchbruchs zum großen Teil vergegenständlicht, und dadurch haben diese Grundsymbole der Gott-Mensch-Begegnung in der Volksfrömmigkeit ihre Transparenz verloren. Dieser Prozess ging so weit, dass die Religionen jeweils mit Machtansprüchen auftraten und gegeneinander kämpften. Heute aber leben wir in einem neuen Zeitalter des Geistes, das durch gegenseitige Achtung und Toleranz gekennzeichnet ist. Der göttliche Geist führt uns Gläubige verschiedener Religionen auf einem gemeinsamen Weg. Sich mit Offenheit auf diesen Weg zu begeben und ständig dem Geist zuzuhören – das ist unsere epochale Aufgabe. Dazu sollen wir uns auf den ursprünglichen Gehalt der Zentralsymbole der Religionen besinnen und miteinander die Menschen auf den Geist Gottes hin befreien.

Ich war sehr angetan von diesen Worten meines Hindu-Freundes, der eigentlich kein Theologe war, sondern ein einfacher Familienvater mit einem bescheidenen Beruf. Er hatte tiefe Wurzeln in seiner eigenen Erfahrungswelt, aber auch eine echte Offenheit gegenüber den anderen Religionen. Auch ich habe tiefe Wurzeln in meinem christlichen Glauben, der aber von meiner Erziehung geprägt ist, sodass ich Jesus Christus als den universal gültigen Erlöser der Menschheit und als die definitive Offenbarung Gottes betrachte. Ich frage mich, worin der Unterschied zwischen unseren Einstellungen liegt? Mir ist klar geworden, dass das Christusbild, das ich durch meine Glaubenserziehung und durch theologische Ausbildung vermittelt bekommen habe, zu einseitig vergegenständlicht ist: Christus kommt da gewissermaßen von außen auf uns zu. In unserem christlichen Glaubensleben ist er vorwiegend zu einem Kultgegenstand gemacht worden, den wir in eindrucksvollen Gottesdienstformen verkörpern und verehren; zu einem Denkgegenstand, den wir in präzisen, dogmatischen Formeln verkünden; zu einer Herren-Gestalt, die wir in den sakralen Ämtern und Strukturen darstellen und repräsentieren. In dieser Weise ist Jesus Christus zu sehr ein *Objekt* religiöser Verehrung und zu wenig das *Subjekt* spiritueller Erfahrung. Diese einseitig objektivierte und fast politisierte Christusgestalt übt auf viele Christen keine Faszination mehr aus. Andererseits aber suchen diese Menschen einen echten, praxisbezogenen Zugang zur Gotteserfahrung. Auf dieser Suche gehen sie oft an unseren Kirchen vorbei. Was also ist in unserer Christusverkündigung zu kurz gekommen?

In Christo sein

Meine Begegnung mit den Hindus und meine Beschäftigung mit der indischen Mystik haben mir deutlich gemacht, dass es im Glauben an Jesus Christus letztlich nicht darum geht, ihn als Gegenstand zu verehren, sondern darum, die göttliche Kraft, die durch ihn erschlossen worden ist, in uns zu erfahren. Darum sagte er auch ausdrücklich: im Geist und in der Wahrheit Gott anbeten (Joh 4, 24), ständig aus dem Geist neugeboren werden (Joh 3, 5), von der inneren Quelle des Geistes belebt werden (Joh 7, 39), vom Geist in die Fülle der Wahrheit geführt werden (Joh 16, 13). Durch den Geist, der Jesus salbte und führte, werden wir ständig verwandelt in das neue Leben in Christus. Ergriffen von diesem Verwandlungsprozess sagte Paulus: Unser Leben entfaltet und vollzieht sich in Christus. Der Ausdruck »in Christo« taucht etwa 140-mal in den Schriften des Paulus auf. Er ist eigentlich die Kurzformel der christlichen Spiritualität. Wir befinden uns nicht vor Christus, sondern in Christus. Wir leben nicht außerhalb des Christus, sondern Christus lebt in und durch uns. Christus ist das eigentliche Subjekt unseres Lebens: nicht im ontologischen Sinne, sondern im mystischen Sinne; nicht nach dem Gesetz der entfremdeten Existenz, sondern nach der Ordnung des gnadenhaften Existentials. In der Tiefenerfahrung dieser gnadenhaften Existenz schrieb Paulus: »Ich lebe? Nein, Christus lebt in mir!« (Gal 2, 20). »Für mich ist Christus das eigentliche Leben« (Phil 1, 21). »Unser Leben ist mit Christus verborgen in Gott« (Kol 3, 3).

»Wir sind berufen, in uns die vollendete Gestalt Christi darzustellen« (Eph 4, 13), »... damit wir von der ganzen Fülle Gottes erfüllt werden« (Eph 3, 19).

Es geht hierbei nicht darum, die Geschichtlichkeit der Person Jesu außer Acht zu lassen, sondern darum, dass die heutige Gegenwart Christi in uns und um uns ernst genommen wird. Christus lebt! Er lebt in uns und wir in ihm. Unsere Beziehung zu Christus ist nicht eine geschichtlich rückwärts schauende Angelegenheit, sondern eine in seinem Geist eschatologisch vorwärts schauende Dynamik. Der Geist Christi verwandelt unser Leben auf das neue Sein in Christus, auf die Zukunft Gottes hin. Der Geist Christi bindet uns nicht einfach an die Tatsachen der Vergangenheit, sondern treibt uns vielmehr von der Gegenwart in die Zukunft. Von diesem Geist Christi vorwärts getrieben zu werden – darum geht es in der christlichen Lebensgestaltung. Von diesem Geist ständig befreit zu werden – darum geht es in der christlichen Spiritualität. Der auferstandene Christus ist ein Leben spendender Geist geworden, und dieser Geist gestaltet unser Leben neu (2 Kor 5,17). Diesem Geist in uns und um uns Raum zu lassen heißt, dass wir Christus als die treibende, heilende, verwandelnde göttliche Kraft in uns wahrnehmen. »Jeder, der mit Christus verbunden ist, wird ein Geist mit ihm« (1 Kor 6, 17).

Symbole der Verinnerlichung

Zu der Frage, wer Christus für uns ist, gibt das Johannesevangelium die Antwort mit eindrucksvollen Symbolen. Sie tauchen in den Ich-bin-Aussagen *(ego eimi)* Jesu auf: Ich bin das Licht, der Weg, die Wahrheit und das Leben, das Leben spendende Brot und das lebendige Wasser, der wahre Weinstock ... Eine nähere

Betrachtung zeigt, dass sie keine Symbole der Vergegenständlichung sind, sondern Symbole der Verinnerlichung: sie öffnen den Zugang zu einer vertieften Erfahrung Christi in uns, einer Erfahrung der Einheit mit ihm.

- Das *Licht* ist nicht Gegenstand unseres Sehens; wir sehen alles *im* Licht. Im Licht Christi erhält alles einen neuen göttlichen Sinn.
- Der *Weg* und die *Tür* sind eigentlich nicht Objekte, die vor uns stehen. Solange wir einen Weg nur vor uns als Objekt anschauen, kommen wir keinen Schritt vorwärts: der Weg wird erst zum Weg durch das Begehen. Die Türe hat nur dann einen Sinn, wenn wir durch die Türe hindurchgehen und uns aus dem Raum befreien.
- Das Wort *Wahrheit* bedeutet im Griechischen Sich-öffnen, Sich-nicht-Verschließen. Christus ist Gottes Öffnung (Offenbarung) auf uns hin und unsere Offenheit zu Gott. Christus ist die Ekstase des göttlichen Geheimnisses, das sich ständig in uns und durch uns öffnet. *Wahrheit* ist ein Prozess. Christus als Wahrheit ist Gottes Werden in uns.
- Das *Leben* kann nicht einfach Gegenstand werden. Mein Leben – das bin ich. Das Leben ist das Subjekt meines Daseins; Christus als Leben ist das Subjekt unseres Lebens: wir leben aus ihm heraus, wir leben durch ihn und wir tragen Frucht in ihm.
- *Brot* und *Wasser* sind eigentlich keine Gegenstände. Natürlich können wir Brot kaufen und Wasser holen. Aber solange sie als Gegenstände auf dem Tisch stehen, bleiben wir hungrig und durstig. Brot wird zur Nahrung *im* Essen; Wasser wird zum Lebensstrom *im* Trinken. Brot und Wasser gehen in unseren Leib ein. So wird Christus eins mit unserem Leben. Erst in der tiefen Einheit mit Christus erleben wir, dass

er aus unserer Leibmitte wie eine sprudelnde Lebensquelle ausströmt.

- Das Bild des *Weinstocks* zeigt deutlich, dass Christus das tragende, belebende, alles in Einheit zusammenhaltende Subjekt unseres Lebens ist. Die Reben können eigentlich keine horizontale Ich-Du-Beziehung mit dem Weinstock haben; sie erleben den Weinstock als das wahre Ich ihrer Lebensentfaltung. Diese Beziehung ist also eine vertikale Ich-ICH-Beziehung. Für die Reben ist der Weinstock das große ICH, das tragende Selbst, das Woraus ihres Lebens.

All diese archetypischen Symbole öffnen die göttliche Mitte unseres Lebens und machen deutlich, dass Christus letztlich die Gestalt unseres wahren, erlösten Seins verkörpert. Das, was wir in ihm erfahren, ist das, was wir eigentlich werden möchten, werden sollten. Er begegnet uns nicht von außen, er erwacht in uns von innen.

Christus erleben

Ein mystisches Umschalten von der vergegenständlichten Christusverehrung zur *verinnerlichten Christuserfahrung* ist heute eine epochale Aufgabe in der Kirche. Viele Christen werden dadurch eine vertiefte Beziehung zu Christus neu erleben. Dabei kehren wir eigentlich zurück zur Urerfahrung Jesu: »Wie ich durch den Vater lebe, so werdet ihr durch mich leben« (Joh 6, 57). Und so verwirklichen wir seinen Traum: »Alle sollen eins sein, wie der Vater in mir ist, und ich im Vater bin, ... und zur vollendeten Einheit gelangen« (Joh 17, 21–23). Ein mystischer Wind weht durch die Welt, und darin sollen wir ein Brausen des Geistes Gottes spüren. Der Geist, der Jesus von innen getrieben hat, treibt auch uns voran. Er lebt, er lebt in uns!

Ein solch mystisches Umschalten in unserer Christuserfahrung wird auch sehr wichtige Konsequenzen in der Begegnung der Christen mit den Gläubigen anderer Religionen, besonders der östlichen Religionen haben. Obwohl in den östlichen Religionen wie Hinduismus, Buddhismus oder Taoismus, geschichtliche oder mythische Gestalten als Heilsbringer auftreten, geht es vorwiegend nicht um eine personale Ich-Du-Beziehung zu diesen Gegenständen (Göttergestalten). Es geht in der Frömmigkeit vor allem um die innere Erfahrung der Durchlässigkeit und Einheit mit dem göttlichen Grund. Der Gott (Iswara), dem man vor sich begegnet, ist eigentlich nur das Heraustreten des Göttlichen (Brahman), das tief im Bewusstsein erwacht. Der Buddha ist letztlich das Aufleuchten des Lichtes im Menschen. Der Shiva ist das Ausfließen der Gnade aus der göttlichen Mitte in uns. Die taoistischen Gestalten stellen die Eigenschaften der kosmischen Harmonie dar. Der innere Verwandlungsprozess ist das Entscheidende in all diesen östlichen Religionen. Hier berühren wir ein Uranliegen Jesu: die ganzheitliche Umkehr bis zur Erfahrung der Einheit mit dem Vater. Wenn wir die Grundausrichtung der christlichen Spiritualität auf diese Einheit hin, auf die verwandelnde Gegenwart Christi in uns verstehen lernen, dann kommen wir auch den von der Mystik geprägten östlichen Religionen im Verstehen viel näher. Und diese Annäherung kann die Christen sehr stark dahingehend bereichern, dass sie die mystische Tiefe der Christuserfahrung wieder entdecken.

9 Gottes Werden im Menschen

Eine vergessene Grunddimension christlicher Spiritualität

Wer bin ich? – Dies ist die Grundfrage der Seher und der Weisen der Religionen aller Zeiten. Dies ist auch die Grundfrage der Mystik überhaupt. Mit dieser sehnsüchtigen Frage geht der Suchende in die tiefen Schichten des Bewusstseins und erkennt sein wahres Sein: das, was er vom eigentlichen Wesen her ist. Hier erfährt er die Seinseinheit mit dem göttlichen Grund.

Erkenne, wer du bist!

Die östlichen upanishadischen Meister (900–300 v. Chr.) benennen diese Einheitserfahrung: »Ich bin göttlich, ich bin eine Flamme des göttlichen Feuers, eine Welle des göttlichen Meeres, ich bin das Gefäß des Göttlichen« (Mahan. Up. 440, 152–158; Tait. Up. 1.,4). Auch die christlichen Mystiker verwenden eine vielfältige Bildersprache, um diese Einheitserfahrung zu beschreiben: Ich bin »ein Fünklein Gottes« (Meister Eckhart), »ein Tropfen des göttlichen Ozeans« (Teresa von Avila), »eine Flamme des göttlichen Feuers« (Johannes vom Kreuz). »Gott gebiert sich in mir« (Origenes), »Gott wird in mir fruchtbar« (Augustinus), »Ich bin Mutter Gottes« (Gregor von Nyssa), »die Seele wird mit Gott eins« (Teresa von Avila).

Von den oberen Bereichen unseres Tagbewusstseins her meldet sich die angstbeladene Frage: Verliere ich denn nicht meine menschliche Identität? Aber die wahre Selbsterkenntnis entfaltet sich gnadenhaft in den tieferen Schichten des transzendenten Bewusstseins. Wenn »das innere Licht in uns aufgeht« (Dionysios Areopagita), erkennen wir, was wir eigentlich sind. Wenn das »innere Auge geöffnet wird« (Augustinus, Psalmenkomment), sehen wir uns – und die Welt – ganz anders: in der wahren Durchlässigkeit zum Seinsgrund. »Hier ist Gottes Grund mein Grund, und mein Grund Gottes Grund« (Meister Eckhart, In hoc apparuit caritas).

Es geht dabei nicht um eine Verleugnung des menschlichen Wesens, sondern um die Verwandlung des menschlichen Seins. Es geht nicht um eine Vernichtung der menschlichen Seele, sondern um eine Vertiefung des menschlichen Bewusstseins. In der Tiefe ist die Wahrheit. Der eigentliche Zugang zur wahren Selbsterkenntnis geschieht nicht im oberen Bereich des Verstandes, der alles vergegenständlicht betrachtet, Gott eingeschlossen. Hier stoßen wir an die Grenze der begrifflichen Theologie. »Unsere Worte verbergen Gott mehr, als sie ihn offenbaren« (Augustinus). Der eigentliche Weg zur wahren Selbst- und Gotteserkenntnis entfaltet sich in den tieferen Schichten der intuitiven Wahrnehmung, im Innenraum der Seele. Darum sagte Jesus: Wenn du betest, dann gehe in deine innere Kammer, schließe die Türe zu und bete zum Vater, der im Verborgenen ist (Mt 6, 6). Mystiker und Meister aller Religionen begleiten die Suchenden zu diesem Innenraum: zur »Burg Brahmans« (Veden), zur »Höhle des Herzens« (Upanishaden), zum »Herzen aller Wesen« (Bhagavad Gita), zum »Garten der Seele« (Sufis), zum »Hort der Seele«

(Meister Eckhart), zur »Seelenburg« (Teresa von Avila), zum »Raum, wo Gott direkt mit der Seele umgeht« (Ignatius von Loyola).

Erkenne, wer du bist; werde, der du bist! – So lautet die Herausforderung der Mystiker überall. Unserer eigentlichen Natur nach sind wir als Ebenbild Gottes erschaffen. Aber in der existenziellen Situation sind wir diesem Wesensmerkmal entfremdet. Wir wissen nicht, welcher Schatz in uns tief verborgen liegt. Eine Wiederentdeckung dieses Schatzes, eine Wiederverwirklichung der Ebenbildlichtkeit Gottes mit all ihren heilenden Kräften ist unsere Lebensaufgabe auf dieser Erde. Dazu hat uns Jesus den Weg geöffnet, er ist selber zum Weg geworden, der die Lebensquelle erschließt, das Licht, das als Wahrheit erstrahlt.

Werde, der du bist!

Meditieren wir das Baumsymbol Jesu. Jesus erfuhr sich als Stamm des Baumes, den Vater als den Wurzelboden und den Geist als den Saft des Lebens. Er lebte mit dem ständigen Bewusstsein, dass er wie der Stamm aus dem Vater und durch den Vater lebe (Joh 8, 42; 6, 57), und dass der Geist ihn wie ein Lebensstrom getrieben habe (Joh 7, 39, Lk 4, 18). Dieses Bewusstsein wollte Jesus uns vermitteln. Wir sollen wie Äste und Zweige, wie Reben und Blätter an diesem göttlichen Baum zur Entfaltung und zur Blüte kommen und Früchte tragen (Joh 15, 4). Das aber können wir nur, wenn wir »in ihm bleiben« (Joh 14, 5). Was heißt das? Wir sollten dieses archetypische Bild des Baumes sehr ernst nehmen, um zur Kernerfahrung des christlichen Glaubens durchzustoßen. Im Stamm bleiben heißt, vom selben Wurzelboden ernährt und vom selben Lebenssaft belebt zu werden. Der eine Saft des Geistes fließt aus dem Mutterboden des Vaters durch den Stamm (d.h. durch den Sohn) in uns alle, die wir die Zweige sind. Was ist letztlich der Unterschied zwischen der Beziehung der Wurzel zum Stamm und des Stammes zu den Zweigen? Alles hat den selben Lebensfluss! So haben wir alle dasselbe Leben, das der Sohn mit dem Vater im Geiste hat. Wir befinden uns nicht vor Gott, sondern in Gott: unser Leben entfaltet sich im innertrinitarischen Lebensprozess. »Im gleichen Vorgang, in dem der Vater seinen Sohn im Geiste gebiert, bin ich geboren« (Meister Eckhart).

Unser Leben ist also in den innergöttlichen Werdegang mit einbezogen, denn »in ihm leben wir, bewegen wir uns und sind wir« (Apg 17, 28). Durch den Sohn sind wir eigentlich Söhne/Töchter Gottes; mit dem Sohn sind wir Erben Gottes (Röm 8, 14.17). Dies ist die befreiende Selbsterkenntnis, die Jesus uns verliehen hat. Dies ist eine Gnade, aber auch eine Herausforderung: nicht im oberen Bereich des Bewusstseins stehen zu bleiben und einfach vor sich hinzuleben, sondern in die Tiefe des mystischen Bewusstseins einzudringen und das Licht in uns wahrzunehmen. Jesus wollte, dass wir an dem Bewusstsein teilhaben, das er hatte, dass wir die Erfahrung durchmachen, die er machte. Darum sagte Jesus:

> Wie mich der lebendige Vater gesandt hat, so sende ich euch
> (Joh 6, 57).

> Wie ich durch den Vater lebe, so werdet ihr durch mich leben
> (Joh 6, 57).

> Wie du, Vater, mich in die Welt gesandt hast, so sende ich sie in die Welt
> (Joh 17, 18).

> Wie mich der Vater geliebt hat, so habe ich euch geliebt
> (Joh 15, 9).

Wie du, Vater, mich geliebt hast, so hast du sie geliebt

(Joh 17, 23. 26; 14, 21).

Wie ich im Vater bleibe, so werdet ihr in mir bleiben

(Joh 15, 10).

Wie du, Vater, in mir bist, und ich in dir bin, so sollen auch sie in uns sein

(Joh 17, 21).

Wie wir eins sind, so sollen sie eins sein, ich in ihnen und du in mir; so sollen sie vollendet sein in der Einheit

(17, 23).

Wir können die wiederholte Anwendung des Vergleichswortes *wie (kathos)* nicht ernst genug nehmen. Sie weist auf die tiefste Einheit mit Gott hin. Es geht hier nicht einfach um eine Ähnlichkeit mit Jesus, sondern um eine wirkliche, wesensbezogene Teilnahme an seinem Gottesbewusstsein. Das hat Jesus deutlich gemacht, indem er sagte:

Ich will, dass alle, die du, Vater, mir gegeben hast, dort bei mir sind, wo ich bin

(Joh 17, 24).

Ich habe ihnen die Herrlichkeit gegeben, die du mir gegeben hast

(Joh 17, 22).

... damit die Liebe, mit der du mich geliebt hast, in ihnen ist, und damit ich in ihnen bin

(Joh 17, 26).

Ihr werdet die Werke tun, die ich tue, und noch größere Werke

(Joh 14, 12).

»Jeder, der mit dem Herrn verbunden ist, wird ein Geist mit ihm«
(1Kor 6, 17). Aus dem einen göttlichen Vatergrund leben wir,
durch den einen Sohn (Stamm) wachsen wir, in dem einen Saft
des Geistes blühen wir, und am Ende kehren wir zu demselben
Wurzelboden zurück, woraus wir entstanden sind. So werden wir
zunehmend von der ganzen Fülle Gottes erfüllt (Eph 3, 19), »im
Geiste zu einer Wohnung Gottes erbaut« (Eph 2, 22). Und am
Ende wird Gott alles in allem sein (1 Kor 15, 28)!

Einheitserfahrung

Eine solche Sichtweise, die eigentlich aus der Urerfahrung Jesu
entsteht, könnte uns ein beglückendes Selbstwertgefühl vermitteln. Die alten Kirchenväter und Mystiker haben es intensiv erfahren. Sie haben diesen inneren Verwandlungsvorgang *theosis*
genannt: Vergöttlichung, Gottwerdung. In seiner Weihnachtspredigt verdeutlichte es Augustinus: »Gott ist Mensch geworden, damit der Mensch Gott wird.« (Factus est Deus homo, ut
homo fieret Deus. PL. 38,1997). Iräneus sagte: »Durch seine unendliche Liebe wurde das Wort Gottes zu dem, was wir eigentlich sind, damit wir vollendet werden zu dem, was er eigentlich
ist.« (PG. 7,1120). Origenes spricht das tiefere Bewusstsein an:
»Das Bewusstsein, das ganz gereinigt und durch Kontemplation
über das Materielle erhoben ist, wird von Gott vergöttlicht«,
(*theiopoieitai*, Komm. Joh 32.27). Bei Athanasius taucht das
Wort *theosis* immer wieder auf: »Das Wort wurde Mensch, damit wir Menschen göttlich werden dürfen« (PG. 25,192). »Im
Geist Gottes vergöttlicht uns das Wort« (PG. 26,589). Cyrill
von Alexandrien deutet die Ebenbildlichkeit in uns: »Christus
nimmt in uns Gestalt an durch den heiligen Geist, der die Gött-
lichkeit in uns wiederherstellt.« (PG. 75,1088). Der ostkirchli-

che Vater Johannes Damascenus sagt: »Theosis heißt Anteilnahme durch die Gnade an dem, was in Gottes Natur vorhanden ist« (Exp. Fidei 88,18). Maximus der Bekenner spricht von den zwei Äonen: »Menschwerdung des Wortes und Gottwerdung des Menschen«.

Diese Erfahrung der *theosis* war in den mystischen Traditionen der Kirche, besonders in der Frauenmystik des Mittelalters, sehr deutlich ausgesprochen gewesen. »Und dann gelangt die Seele zu einem Erstaunen, das man das Nicht-Denken des nahen Fern-Nahen nennt, das ihr ganz nahe ist. Dann nämlich lebt die Seele nicht nur im Leben der Gnade und nicht nur im Leben nach dem Geist, sondern auch im göttlichen Leben, frei, aber göttlich. Dann nämlich hat Gott sie geheiligt durch sich selbst. Der, der nicht in Gott ist ohne Sein und in dem Gott nicht das Sein ist, kann es nicht schmecken« (Margareta Porete, Spiegel der einfachen Seele). Meister Eckhart hat ein treffendes Bild für den inneren, göttlichen Vorgang: »Ich gebäre den, von dem ich geboren bin, denn Gott wird im Menschen fruchtbar« *(Ave gratia plena)*. Gregorios Palamas (1296–1359), der ostkirchliche Mönch und Mystiker, sprach vom Energiekreis Gottes, in dem die menschliche Seele aufgefangen und verwandelt wird: »Nicht das überwesenhafte Wesen Gottes ist die vergöttlichende Gabe des Geistes, sondern die vergöttlichende Energie des überwesenhaften Wesens Gottes. Überall ist Gottes Wesen, Gottes Geist; überall ist also die Vergottung. Wie das Feuer verborgen bleibt, so ist die Vergottung unschaubar« (Verteidigung der heiligen Hesychasten). In der anonymen, englischen Schrift »Wolke des Nichtwissens« (14. Jh.) wird gesagt: »Gott gleicht sich unserer Seele an, indem Er seine Gottheit von ihr erreichen lässt; und unsere Seele ist ihm angeglichen kraft der Würde unserer Erschaffung nach seinem Bild und Gleichnis.« Solche Aussagen, die aus echten, tiefen mystischen Erfahrungen der Einheit mit Gott entstanden sind, sollen uns begeistern, damit wir erkennen, welche Tiefe doch in uns vorhanden ist, und wie der Geist Christi unser Leben in das neue Leben verwandelt, das wir in Christus erkennen dürfen. Einmal rief Paulus aus einer intensiven Erfahrung dieses Bewusstseins aus: Ich lebe, nein, Christus lebt in mir (Gal 2, 20). Dies ist die Gnade und der Auftrag des christlichen Glaubensvollzugs.

Barmherzigkeit

Und wie wirkt sich die *theosis* im täglichen Leben aus? Was ist die Frucht der verwandelnden und vereinenden Gnade des Geistes? Dazu nennen die Mystiker aller Zeiten ein Wort: Barmherzigkeit. Der aus der göttlichen Mitte lebende Mensch wird ein barmherziger Mensch sein, weil er den verwandelnden Prozess der *theosis* überall wahrnimmt. Im Licht der *theosis* erkennt er die heilende Gegenwart des Geistes in allen Menschen, besonders in den leidenden und suchenden Menschen. Mit ihnen fühlt er sich intensiv verbunden. Durch Barmherzigkeit wird der Mensch zunehmend durchlässiger für das Wirken des Geistes in sich und um sich. Durch den gekreuzigten Christus hat Gott das Mitleiden zum Ausdruck der heilenden Liebe gemacht. Und der auferstandene Christus lebt unter uns als der Leben spendende Geist und erneuert unser Leben durch Liebe, durch Barmherzigkeit.

10 Gott wird im Menschen geboren

Der geistige Verwandlungsvorgang in uns

Einmal erlebten wir eine Dialogtagung mit den Hindus in unserem Ashram. Wir haben einige Schriften des Hinduphilosophen Shankara (9. Jh.) und einige Texte von Meister Eckhart parallel gelesen. Wir Hindus und Christen waren angenehm überrascht, wie die beiden Mystiker in den Schichten der tieferen Erfahrung zum großen Teil übereinstimmen. Shankara und Eckhart sprachen aus der eigenen mystischen Erfahrung der Einheit mit dem Göttlichen. Auf dem upanishadischen Hintergrund beschreibt Shankara seine Tiefenerfahrung in der Kurzformel: Ich bin göttlich *(aham brahmasmi)*. Im Zuge der apophatischen christlichen Mystik sagte Eckhart: Im Seinsgrund bin ich eins mit Gott. Diese Einheit wird von Eckhart als ein dynamischer Verwandlungsvorgang bezeichnet, den er die Gottesgeburt in der Seele nennt. Eine nähere Betrachtung seines Anliegens kann einen tieferen Zugang zur Begegnung mit der östlichen Mystik ermöglichen.

Um die Kernerfahrung des christlichen Glaubens zu deuten, verwenden die Kirchenväter und Mystiker das Bild der Gottesgeburt in der Seele. Es ist eine andere Art über *theosis*, Gottes Werden im Menschen, zu sprechen. Die heilende Gegenwart des göttlichen Geistes im Kernbereich des Menschen ist wie ein Geburtsvorgang. Der Mensch wird derart neu geschaffen, dass das Göttliche in seinem Seinsgrund zum Vorschein kommt. Wie ein winziges Fünklein ist der Geist im Herzen präsent: es wird zur Flamme entfacht. Wie eine Quelle ist der Geist im Inneren verdeckt: sie wird als sprudelnder Fluss aufgetan. Wie ein Samenkorn ist der Geist im Seinsgrund verborgen: es wird als Baum zur Entfaltung gebracht. Der Geist öffnet sich aus dem Innenraum des Menschen und verwandelt unser Leben in das neue Leben, das wir in Christus erkannt haben. Dies ist ein fortlaufender Prozess, der tief im Menschen geschieht. Dem verwandelnden Geist Raum geben – darum geht es in der christlichen Spiritualität.

Dieser Prozess des Geistes im Inneren des Menschen wird als ein Geburtsvorgang dargestellt. Der göttliche Geist gebiert das neue Sein-in-Christus in der Seele. Er nimmt Gestalt an. Alles wird für die Wirkung des Geistes transparent gemacht. Der Mensch wird dadurch zum Mutterschoß für die Geburt des Geistes. »Was einst leiblich in der Jungfrau geschah, das vollzieht sich auch in jeder Seele, die nach dem Sinne des Logos lebt, d.h. die Weisheit, Gerechtigkeit, innere Reinheit übt. So kann jede/r Mutter dessen werden, der dies alles dem Wesen nach ist« (Gregor von Nyssa, zu Mt 12,50). Augustinus macht es noch deutlicher: »Christus ist geboren. Möge er auch in unseren Herzen geboren werden. Maria trug ihn im Schoße. Mögen wir ihn im Herzen tragen. Die Jungfrau wurde schwanger durch die Fleischwerdung Christi. Mögen unsere Seelen schwanger werden durch unseren Glauben an Christus. Die Jungfrau gebar den Heiland. Möge unsere Seele das Heil gebären. Seien wir nicht unfruchtbar; unsere Seelen sollen in Gott fruchtbar werden« (Weihnachtspredigt). Nach Origenes sind wir berufen, Mütter Gottes zu werden: »Gott tritt ein in die Seele, und die Seele wandert in Gott aus. Wenn Gott die Seele verlässt, wird sie unfruchtbar. Wirkt er aber in ihr, so wird sie Mutter« (Kom. zum Hohenlied). Hinter diesen Bildern der Gottesgeburt in der Seele stehen die Einsichten von Johannes und Paulus über Gotteskindschaft. »Alle, die sich vom Geist Gottes leiten lassen, sind Söhne/Töchter Gottes« (Röm 8, 14). Wir sind nicht verurteilt, als Sklaven zu kriechen, sondern als Kinder zu wachsen (Gal 4, 7). Im Geist Christi sind wir befreite Menschen (Gal 5, 1); daher können wir in diesem Geist Gott Abba, Vater, rufen (Röm 8, 15). Paulus beschreibt dabei eine Gnade, die tief in uns aufsteigt, aber auch einen Auftrag, diesem Geist in unserer Lebensgestaltung Raum zu geben (Gal 5, 13).

Bei Johannes taucht ein eindrucksvolles Bild auf: Jesus stellt sich wie einen Brunnen dar und ruft: »Wer Durst hat, komme zu mir, und trinke! Aus seinem Inneren werden Ströme lebendigen Wassers fließen. Damit meinte Jesus den Geist, der alles lebendig macht« (Joh 7, 37–39). Jesus erfuhr sich als Brunnen, der den Menschen die verborgene göttliche Quelle öffnet und das lebendige Wasser ausströmt. In diesem Bewusstsein Jesu ist der Vater die Quelle, der Sohn der Brunnen und der Geist das Wasser. Wenn wir aus diesem Brunnen trinken, wird das Innere unseres Wesens vom Geist erfüllt, damit wir selbst zum Brunnen werden, »aus dem das Wasser des ewigen Lebens hervorströmen wird« (Joh 4, 14). Eine noch genauere Übersetzung des griechischen Ausdrucks *ek tes koilias* (Joh 7, 38) würde bedeuten, dass wir durch das Trinken aus dem göttlichen Brunnen vom Geist schwanger werden, und dass aus unserer *Gebärmutter* Ströme lebendigen Wassers hervorfließen werden: wir werden vom Geist befruchtet werden, und den Geist in die Welt gebären. So gesehen sind wir gleichzeitig Kinder Gottes und Mütter Gottes, Geborene und zugleich Gebärende. Die christlichen Mystiker sind sich dieses inneren Geburtsvorganges sehr bewusst gewesen und weisen darauf als die Grunderfahrung des christlichen Glaubensvollzuges hin. Wir sollten hierzu die Texte von Meister Eckhart näher betrachten (die in Klammern angegebene Seitenzahl bezieht sich auf: Dietmar Mieth [Hrsg.], Meister Eckhart, Einheit im Sein und Wirken, München 1986, Piper):

Von der Ratio zur Intuitio

Werde, der du bist – hat Eckhart immer wieder gesagt. Wie werden wir das, was wir im Grunde eigentlich sind? Was geschieht tief in unserem Bewusstsein? Wie nehmen wir Gott wahr? In unserem normalen religiösen Bewusstsein ist Gott uns ein Gegenüber: im Reden zu Gott, in unserem Gebet, wird er ein personales Du; im Reden über Gott, in der Theologie, wird er zum Gegenstand. Analysieren wir die Sprache des Gebetes und der Theologie, so wird klar, dass sie zum Teil durch eine Projektion bestimmt ist, die der persönlichen und der kollektiven religiösen Psyche entspringt. Auf die Gefahr solcher Projektion im Umgang mit Gott weisen die Mystiker aller Religionen hin. Sie sagen, dass der Gott suchende Mensch sich auf ein tieferes Bewusstsein einlassen soll, um das Göttliche zu erfahren. Dadurch wird die Subjekt-Objekt-Struktur der Ratio, des reinen Verstandes, transzendiert, und die Seinseinheit wird in der Intuitio, in der unmittelbaren geistigen Erfahrung, erkennbar.

Dazu sagte Eckhart: »Scheidet ab die bildhafte Erscheinung, und vereinigt euch mit dem formlosen Sein« (96). »Willst du Gott göttlich wissen, so muss dein Wissen in reines Unwissen und zum Vergessen deiner selbst und aller Geschöpfe gelangen« (173). Die Herausforderung besteht darin, die Ich-Du-Struktur zu überwinden, in der Gott oft aufgefangen wird, und in einem tieferen Bewusstsein das Göttliche als den transpersonalen Grund zu erfahren. Das bedeutet aber: die vorläufigen Sicherheiten des religiösen Redens und Denkens aufgeben, innerlich »still und leer werden«, in die »schweigende Wüste« gehen, »sich ganz ins Finstere setzen«, sich ins »reine Nichts« versenken und so »das verborgene Dunkel der ewigen Gottheit« erfahren, das gleichzeitig die »Überfülle des Lichtes« ist (93,141,145,173, 175).

Dies ist nicht einfach ein Vorgang nur des Erkennens, sondern eine ganzheitliche Verwandlung des Menschen, eine Neugeburt in das befreite Sein. Der wahrhaft Gottsuchende ist ein Mensch des abgeschiedenen Herzens, der weiß, dass »die Bindung an das eigene Ich ihm in jedem Werk die Freiheit nimmt« (116). Darum lässt er das habsüchtige und alles für sich festhaltende Ich fallen: Er ist »von aller Kreatur gänzlich losgelöst« (84). »Leer sein aller Kreatur ist Gottes voll sein, und voll sein aller Kreatur ist Gottes leer sein« (88).

Der Geburtsvorgang im Seinsgrund

Es geht nicht darum, dass der abgeschiedene Mensch der Welt den Rücken kehrt, sondern dass er die Welt Welt und »Gott Gott sein lässt«. Dadurch entsteht eine innere Freiheit, eine Geisteshaltung, die Jesus »Armut im Geiste« genannt hat. So wird im Innersten des Menschen Raum geschaffen, damit Glaube sich in ihn ergießen und dadurch »im Menschen fruchtbar werden« kann. Diesen geistigen Verwandlungsprozess beschreibt Eckhart als »Jungfrau werden lassen« (114, 126).

Es gibt also einen zweifachen Vorgang auf dem Weg der inneren Verwandlung: das Loslassen des habsüchtigen Ich und das Fallenlassen der fixierten Gottesbilder. In dem daraus entstehenden inneren Freiheitsraum wird der abgeschiedene Mensch kraft des göttlichen Lichtes den innergöttlichen Lebensstrom wahrnehmen. Was ist dieses Licht, das im Grunde des Seins aufgeht? Eckhart nennt es Fünklein, das »ungeschaffene Licht«, das gleichzeitig göttlich und menschlich ist: in diesem Licht »grünt und blüht Gott in uns«; in diesem Licht sieht der Mensch ein, dass Gottes Sein im Werden ist (117). Im tiefsten kontemplativen Bewusstsein wird das Göttliche nicht als eine in sich ruhende Wirklichkeit wahrgenommen, sondern als eine aus sich heraussprudelnde Quelle. Der göttliche Lebensstrom fließt aus sich heraus und belebt alles. In diesem Vorgang der Gottesgeburt stellt Eckhart drei Bereiche fest:

Gottes Sein im Werden

Zuerst in Gott selbst. Das Göttliche ist die absolute Seinsfülle, das »einfältige Eins« (123): »In diesem Einen, im innersten Quellgrund, gebiert der Vater seinen Sohn. Dort entfaltet sich als Blüte der Heilige Geist« (126). Die nach christlichem Verständnis dreifaltig-eine Lebensbewegung ist nicht ein abgeschlossener Vorgang, sondern »unaufhörlich gebiert der Vater seinen Sohn« und »kehrt im Geiste zu sich zurück« (117). Es ist ein fortlaufender Lebensprozess im »ewigen Jetzt«, und in diesem Sinne ist Gottes Sein im Werden. Eckhart weist immer darauf hin, dass die Begriffe Person und Natur, die leicht dualistisch missverstanden werden können, die innergöttliche Lebens-

und Liebesdynamik nur unzulänglich erfassen. »Soll Gott jemals dort hineinschauen, dann muss es ihn all seine göttlichen Namen kosten und seine Eigenschaften als Person. Das alles muss er draußen lassen, will er dort eintreten. Wenn nämlich Gott ein einförmiges Eins ist, ohne alle Weise und Eigenschaft, dann ist er weder Vater noch Sohn noch Heiliger Geist, soweit es diesen Sinn betrifft, und doch ist er ein Etwas, das weder dies noch das ist« (120). Symbole wie Quelle, Seinsgrund, Widerhall und strahlende Sonne sind eher geeignet, das Geheimnis des göttlichen Lebens auszudrücken (265, 103, 193).

Den gebäre ich, von dem ich geboren bin

Der zweite Bereich betrifft die Gottesgeburt im Menschen. Kraft der innergöttlichen Lebens- und Liebesdynamik sind wir Menschen erschaffen. Im Vorgang des Ausgießens aus der göttlichen Quelle sind wir ausgeflossen und doch »in Vaters Haus geblieben« (134); »Gott ergießt sich ganz und gar in jeden Menschen« (139), und dadurch wird »Gott im Menschen fruchtbar« (115). Die Beziehung zwischen Gott und Mensch ist für Eckhart nicht im Sinne des Gegenüber zu verstehen, sondern im Sinne einer dynamischen Lebensbeziehung, die aus dem Einen entsteht und zur vollendeten Einheit zurückführt. »Gott gebiert seinen eingeborenen Sohn in das Höchste der Seele. Im gleichen Vorgang, in dem er seinen eingeborenen Sohn in mich gebiert, gebäre ich ihn zum Vater zurück« (138). Im Bezug auf Gott ist der Mensch nicht einfach der Empfangende, sondern auch der Gebende, der Gebärende. Wie die Jungfrau zur Frau wird, wird der Mensch, der Gott in sich empfängt, Gott zum göttlichen Grund zurückgebären. »Den gebäre ich, von dem ich geboren bin« (137). Unser Leben vollzieht sich also nicht vor Gott, der als personales Du angesehen, sondern im Göttlichen, das als transpersonaler Grund erfahren wird. »Aus demselben Boden, aus dem der Vater sein ewiges Wort gebiert, aus dem wirkt sie (die Seele) fruchtbar mit bei der Geburt« (116). »Da ist Gottes Grund mein Grund, und mein Grund Gottes Grund« (124). »Da lebe ich ebenso aus meinem Eigenen, wie Gott aus seinem Eigenen lebt« (124). Die gnadenhafte Erfahrung des schöpferischen Verwurzeltseins im göttlichen Grund ist für Eckhart die Grundlage des geistlichen Lebens.

Gottesgeburt in der Schöpfung

Schließlich: die Gottesgeburt in der Schöpfung. Im Vorgang des Herauswachsens aus dem göttlichen Quellgrund entsteht die gesamte Schöpfung. Für Eckhart ist die Schöpfung ein Ausgießen der göttlichen Liebe. »In der Liebe, in der Gott sich liebt, darin liebt er alle Geschöpfe mit, nicht aber als Geschöpfe, sondern die Geschöpfe als Gott. In der Liebe, in der Gott sich liebt, darin liebt er alle Dinge« (191). Insofern die Liebe Gottes nicht etwas von Gott Getrenntes, sondern das eigentliche Sein Gottes ist, wird die gesamte Schöpfung als von Gottes Liebe belebte Wirklichkeit angesehen. So kann der Mensch »in allen Dingen Gott schmecken« (191) und mit einer großen Achtung vor der Schöpfung leben. Denn »alle Dinge werden lauter Gott« (179).

11 Kreuz und Auferstehung

Zum Wesen der christlichen Mystik

Die Lebensumwelt in den meisten asiatischen Ländern ist von zwei Tatsachen gekennzeichnet: viel Armut und viele Religionen. Millionen leben unter dem Existenzminimum, betroffen von Krankheit und Arbeitslosigkeit, benachteiligt durch Diskriminierung und Ausbeutung. Was bedeutet die Heilsbotschaft Jesu für sie? Welchen befreienden Sinn hat der sich durch den gekreuzigten Christus geoffenbarte Gott für diese Menschen? Bleibt der barmherzige Gott unbetroffen von dem ungeheueren Leiden der Menschen? Diese Frage wird in Asien laut.

Angesichts der Vielfalt der Heilswege der Religionen stellt sich die Frage: Was ist das eigentlich Befreiende am Heilsweg Christi? Kann der christliche Glaube in der religionspluralistischen Gesellschaft ein Gottesbild aufzeigen, das den suchenden Menschen das menschliche Gesicht Gottes spürbar macht? Es geht dabei nicht um die Verabsolutierung des christlichen Gottesbildes als *norma normans non normata*; es geht darum, dass in aller Demut und Glaubwürdigkeit der spezifische Sinn der *kenosis* am Kreuz dargestellt wird. Dadurch wird der mit uns auf unserem Leidensweg mitgehende Gott den Menschen näher gebracht und die Bereitschaft mit den anders glaubenden Schwestern und

Brüdern als Mitpilger unterwegs zu sein ausgedrückt. Auf diesem gemeinsamen Pilgerweg teilen wir den anderen mit, was der gekreuzigte und auferstandene Christus für die Menschheit bedeutet.

Keine theologische Reflexion über die christliche Gotteserfahrung kann am Geschehen des Todes und der Auferstehung Christi vorbeigehen. Keine Frage nach der Eigenart der christlichen Mystik kann am gekreuzigten und auferstandenen Christus vorbei gestellt werden. Welche Dimensionen des unergründlichen Mysteriums Gottes sind durch den Kreuzestod und die Auferstehung Jesu geoffenbart?

Kreuz – der leidende Gott

Der Mensch hat eine Art angeborenes Gottesbild. Man könnte es aus jedem Wörterbuch der Religionen herauslesen: Gott ist der Allmächtige und Allwissende, das Sein selbst, das Absolute, das Transzendente und das Immanente zugleich. Die religiöse Psyche des Menschen ist grundsätzlich von diesem abgerundeten Gottesbild geprägt. In den Kulthandlungen steht es im Mittelpunkt. Mit diesem schönen Gottesbild gehen wir auf den Kalvarienberg. Da hängt ein Mensch zwischen Himmel und Erde, scheinbar nirgendwo zu Hause. Die Erde hat ihn im Stich gelassen. Die Jünger sind von ihm weggelaufen. Auch der Himmel hat ihn verlassen, und er schreit aus tiefster Vereinsamung: »Mein Gott, mein Gott, warum hast du mich verlassen?« (Mt 27,46). Zu diesem geschlagenen, gestaltlosen und gekreuzigten Menschen blicken wir hinauf, und im Glauben bekennen wir: Dies ist Gott mit uns (Emanuel). Da brechen alle unsere vertrauten, schönen Gottesbilder zusammen. Wenn wir im Glauben aus dem Gesicht des gekreuzigten Christus das der Welt zugewandte Gesicht Gottes wahrnehmen, sind wir herausgefordert, ständig unsere Gottesvorstellungen in Frage zu stellen und unsere religiösen Formen zu überprüfen. Auf unserer Suche nach mystischer Erfahrung begegnet uns Gott in einer Tiefenschicht, die wir nie ahnen konnten.

Das Kreuz zeigt uns nicht einen Gott, der im Herzen aller Wesen glückselig ruht, sondern einen Gott, der sich seinen Weg durch das menschliche Leiden erkämpft. Es ist nicht ein jenseitiger Gott, sondern der Gott, der sich unsere Geschichte zur eigenen gemacht hat. Am Kreuz erkennen wir nicht einen allmächtigen, sondern einen entmachteten Gott; nicht einen Gott, der über die Freiheit des Menschen verfügt, sondern einen, der selbst von menschlicher Freiheit betroffen ist, weil er die Freiheit bejaht. Es ist nicht der allwissende Gott, sondern derjenige, welcher sich im Umgang mit den Menschen zum Toren gemacht hat. Das Kreuz schildert nicht einen herrschenden Gott, der über den Köpfen der Menschen thront, sondern einen dienenden Gott, der den Menschen die Füße wäscht. Es ist nicht ein Gott, der das Leiden dieser Welt mit einem Machtwort wegzaubern kann, sondern ein Gott, der selbst zum Opfer des Leidens geworden ist. Das Kreuz offenbart uns den leidenden Gott; es macht die verborgene Wunde des göttlichen Herzens sichtbar.

Wunde Gottes? Leiden Gottes? Das ist für den menschlichen Verstand ein unfassbares Paradox, denn das Kreuz stellt eine sich nur auf den Verstand berufende Gottsuche auf den Kopf »Da die Welt angesichts der Weisheit Gottes auf dem Weg ihrer Weisheit Gott nicht erkannte, beschloss Gott, alle, die glauben, durch die Torheit der Verkündigung zu retten. Die Juden fordern Zeichen, die Griechen suchen Weisheit. Wir dagegen verkünden

Christus als den Gekreuzigten: für Juden ein empörendes Ärgernis, für Heiden eine Torheit, für die Berufenen aber Christus, Gottes Kraft und Gottes Weisheit. Denn das Törichte an Gott ist weiser als die Menschen und das Schwache an Gott ist stärker als die Menschen« (1 Kor 1, 21–25). Die Erfahrung der Schwäche Gottes ist das Spezifikum des christlichen Glaubens. Begegnung mit dem mit uns leidenden Gott ist die Kraftquelle der christlichen Lebensgestaltung. Emanuel – das ist sein Name: Gott mit uns auf unseren Wegen. Wenn es so viel Leiden in dieser Welt gibt – durch Armut und Krankheit, durch Hass und Neid, durch Ausbeutung und Unterdrückung – können wir uns da einen Gott vorstellen, der von all dem unberührt bleibt? Ein solches Gottesbild kommt uns sehr grausam vor, und gerade mit diesem in der religiösen Psyche gewachsenen Gottesbild tun sich viele Menschen heute schwer. Sie suchen einen Gott, der sie in ihrer Leidensgeschichte mitträgt und sie dadurch befreit, dass er sich die menschliche Leidensgeschichte zu Eigen gemacht hat. Diesen mitleidenden Gott (Hebr 5, 8) hat das Kreuz uns gezeigt. Der gekreuzigte Christus konnte von seinem Kreuz nicht machtvoll herabsteigen (Mt 27, 40). Wie könnte er es tun, wenn Menschen ständig gekreuzigt werden? Christus hängt noch heute am Kreuz, weil Millionen von Menschen mit ihm am Kreuz hängen. Kreuzesgeschehen ist nicht einfach ein Geschehen der Vergangenheit, sondern ein fortwährendes Heilsereignis von heute. Der gekreuzigte Christus ist die *axis mundi*, die Weltachse: Offenbarung der göttlichen Dimension des menschlichen Leidens.

Das Paradox des Leidens Gottes würde für uns ein Stück verständlicher werden, wenn wir die unergründliche Tiefe der Liebe Gottes ahnen könnten. Lieben heißt von dem Geliebten tief betroffen werden. In dieser Betroffenheit nimmt der Liebende Anteil am Leiden des anderen. Ein leidensunfähiger Mensch kann nicht lieben. Ein leidensunfähiger Gott kann nicht die Liebe heißen. Wenn Gott Liebe ist, dann muss Gott ein mitleidender Gott sein. Weil Liebe die Wesenseigenschaft Gottes ist, ist Gott vom Wesen her verwundbar. Liebe bedingt Freiheit, und die Freiheit des Menschen ist die Ohnmacht Gottes. Diese Verwundbarkeit Gottes hat uns Jesus durch das Gleichnis des verwundeten Vaters deutlich gemacht (Lk 15, 11–32). Der Vater liebte seinen Sohn und respektierte dessen Freiheit. Lieben heißt den anderen in Freiheit annehmen und von der Freiheit des anderen eingeschränkt, aber auch vom Verhalten des anderen verletzt werden können. Als der junge Sohn in freier Entscheidung das Vaterhaus verließ, ließ er eine Wunde im Herzen des Vaters zurück. Mit der verborgenen Wunde im Herzen wartete der liebende Vater auf die Rückkehr des Sohnes. Mit diesem ergreifenden Bild weist uns Jesus darauf hin, dass Gott ein liebender und deswegen verwundeter Vater ist, der auf die Heimkehr aller Menschen in das göttliche Vaterhaus wartet. Solange es Leiden auf dieser Welt gibt, können wir nur von einem mitleidenden, einem verwundeten Gott sprechen, und dieser Gott stellt an uns die entscheidende Frage, an der sich unser Heil entscheidet: Habt ihr mich als den leidenden Gott in eurer Mitte erkannt? (Mt 25, 35–40) »Ich war hungrig ... Ich war durstig ... Ich war fremd und obdachlos ... Ich war im Gefängnis.« (Ich war das entwurzelte Kind in der zerbrochenen Familie ... Ich war der vereinsamte Kranke in eurer Nachbarschaft ... Ich war das durch Menschenhandel in eure Stadt importierte Mädchen ... Ich war der heimatlose Asylant in eurem Land ...).

Der gekreuzigte Christus lässt uns nicht an den verletzten Gestalten der Menschen vorbei Gott begegnen. Der sich am Kreuz offenbarende Gott beunruhigt uns ständig in unserer Lebenseinstellung, weil er unsere Leidenswege mitgeht: »Barmherzigkeit will ich, nicht Opfer« (Mt 9,13). *Compassio*, fähig sein mitzuleiden, ist eine Grundeigenschaft der christlichen Mystik. Eine zunehmende Sensibilität für das Leiden der Menschen ist das Merkmal der christlichen Spiritualität. In der Option für die Armen und Ausgestoßenen wächst die Glaubwürdigkeit in der Nachfolge Jesu.

Auferstehung – der neugestaltende Gott

Das Kreuz war nicht das Ende des Lebens Jesu: Er ist auferstanden. Er hat das Leben verwandelt, den Tod besiegt. Ein neues Leben brach durch ihn hervor. Was hat Gott durch die Auferstehung Jesu Christi geoffenbart?

Besinnen wir uns auf eine einfache Lebenserfahrung: Plötzlich erhalten Eltern die Mitteilung, dass ihr Kind auf der Straße einen Autounfall erlitten hat. Sie lassen alles liegen und stehen und eilen zu ihrem verunglückten Kind. Als liebende Eltern sind sie von dem Leiden des Kindes betroffen. Aber das Mitleiden allein nützt dem Kind nicht. Sie werden Wege suchen, dem Kind zu helfen. Lieben heißt nicht einfach mitleiden, sondern sich einsetzen, um den Geliebten aus dem Leiden zu befreien. Am Kreuz hat Gott sich als der mit uns leidende Gott gezeigt; in der Auferstehung offenbarte sich Gott als der mit uns das Leben verwandelnde Gott. Auferstehung ist die Offenbarung der neugestaltenden Kraft der Liebe Gottes. Es ist nicht die Allmacht Gottes, denn der Allmächtige braucht eigentlich den Menschen nicht. Aber der durch die Freiheit des Menschen entmachtete Gott braucht uns Menschen und gestaltet das Leben neu durch die freie Mitwirkung der Menschen.

Betroffen von Ängsten und Schuldgefühlen verlieren wir oft den Mut zum Leben; aber der Gott, der Christus auferweckte, gibt uns Mut, mit Freude Ja zum Leben zu sagen und es auf diese Weise zu verwandeln. In tiefer Vereinsamung und Verzweiflung neigen wir oft dazu zu resignieren, aber der auferstandene Christus versichert uns, dass sein Geist ständig in uns wirkt. Überwältigt von den zerstörerischen Mächten in uns und um uns befinden wir uns oft in Finsternis, aber das Licht des auferstandenen Christus erstrahlt auf unseren Wegen und führt uns vorwärts. Durch die Auferstehung hat Gott uns die Verheißung gegeben, dass am Ende »Gott alles in allem sein wird« (1 Kor 15, 28). Am Ende wird die ganze Schöpfung »vom Verfall erlöst« und »in Christus erneuert« (Röm 8, 21; Kol 1, 20). Der verklärte Leib des auferstandenen Christus ist das Vorzeichen des eschatologischen Zustandes, wenn die ganze Schöpfung zum Leib Christi wird (Kol 1, 16). Auferstehung ist das Unterpfand und die Vorerfahrung der universalen Theophanie. Im auferstandenen Christus ist die Zukunft angebrochen, auf die wir warten. »Das Alte ist vergangen, alles ist neu geworden« (2 Kor 5, 17). Gottes Geist wirkt im Herzen aller Menschen und in allen Kulturen und Zeiten darauf hin, dass eine »neue Erde und ein neuer Himmel« geschaffen wird. Wir Menschen sind eingeladen, mit diesem neuschaffenden Geist mitzuwirken und dadurch das Reich Gottes zu gestalten. Auferstehung Christi ist Gnade und Auftrag.

Im Lichte der Auferstehung bekommt unser Leben eine göttliche Sinnweite. Wenn Menschen sich einsetzen für Gerechtigkeit, Frieden und Solidarität, nehmen sie Anteil am Werk des göttlichen Geistes. Initiativen zur Bewahrung der Schöpfung und für den Schutz der Umwelt bekommen einen spirituellen Sinn. Jede Art von Engagement für das Heil und Wachstum der Menschen in Krankenhäusern oder Schulen, in sozialen Einrichtungen oder Beratungsstellen ist eine sakrale Aufgabe. Schöpferische Tätigkeiten in Bereichen der Kunst oder Wissenschaft, Kultur oder Politik erhalten eine göttliche Dimension. Dies alles bedeutet aktive Teilnahme des Menschen an dem vom göttlichen Geist getragenen Vorgang der kosmischen Auferstehung, vorausgesetzt, dass sich dies alles im Sinne des Evangeliums entfaltet. Es gibt daher keine Kluft mehr zwischen säkularem und sakralem Bereich. Auferstehung Christi ist die Überwindung dieser Kluft, weil die ganze Schöpfung als *milieu divine* (Bereich Gottes) verstanden wird.

Auferstehung Christi ist nicht einfach ein Geschehen von gestern. Sie ist ein alle Zeiten umspannendes Heilsereignis. Die Auferstehung ereignet sich auch heute noch in unseren Herzen, durch unsere Hände. Gottes Geist verwandelt unser Leben ständig dadurch, dass er wie aus einer Quelle hervorsprudelt und alle Bereiche der Lebensentfaltung erfrischt (Röm 5, 5). Daher sollen wir Hoffnung schöpfen und Mut fassen. Schöpferischer Einsatz für die Verwandlung der Welt ist ein Grundansatz der christlichen Mystik.

Kreuz und Auferstehung, Kernstück christlicher Mystik, führen uns zur Begegnung mit dem Emanuel: Gott mit uns auf unserem Leidens- und Lebensweg, Gott unter uns als der mitleidende und neugestaltende Gott. Diese Erfahrung ist eine Kritik an Formen der Mystik, die dazu neigen, Gott nur in der Innerlichkeit zu suchen oder ihn weit über uns zu stellen, oder die krampfhaft versuchen, Gott durch Leistung zu erreichen. Die Kreuzesmystik sprengt auch die festgefahrenen Strukturen des religiösen Lebens. Der auferstandene Christus lädt uns ständig ein hinzuhorchen, was der Geist Gottes der Kirche zu sagen hat. Der gekreuzigte Christus öffnet unsere Augen, damit wir tief in die Augen eines leidenden Menschen hineinschauen und dort Gott erblicken. Der auferstandene Christus befähigt uns zu mutigem Einsatz für die Befreiung der Menschen.

Kreuz und Auferstehung, Kernstück der christlichen Spiritualität, zeigen uns, dass die Geschichte dieser Welt Gottes Geschichte ist: Gottes Sein ist im Werden mit uns, und unser Sein im Werden aus dem göttlichen Wurzelboden. Gottes Geist nimmt in uns und durch uns Gestalt an. Diesem Geist Raum zu lassen – darum geht es letztlich in der christlichen Mystik.

12

Die Tisch-
gemeinschaft Jesu

Der Entstehungsort der Kirche

Eine Art Schichtendenken ist in allen Gesellschaften aller Zeiten spürbar. Auf Grund von Herkunft, Rasse und Familie, wegen des Berufes und der sozialen Stellung, wegen der Hautfarbe und der Bildung werden Menschen auf verschiedene Stufen gestellt, wonach der eine als minderwertig betrachtet wird, der andere einen elitären Rang für sich beansprucht. Oft bekommen solche sozialen Abstufungen religiöse Weihe oder ideologische Untermauerung, und dadurch werden Vorurteile in der Psyche eines Volkes befestigt. Leider scheint diese Tendenz zum Schichtendenken in vielen Teilen der Welt Übermacht zu gewinnen. Sie prägt das kulturelle Bewusstsein und das politische Handeln. Daher entstehen Formen von Rassismus und Ethnozentrismus, von Fundamentalismus und Apartheid mit ihren grausamen Konsequenzen. Solche Entwicklungen bedrohen nicht nur das friedliche Leben der Minderheiten im jeweiligen Land, sondern auch den Frieden in der ganzen Welt. Die Kreise der Mehrheit und der Mächtigen neigen dazu, die Schwachen auszugrenzen, auszubeuten und sie sogar auszurotten. Zu Frieden und Heil braucht die Menschheit die Entfaltung einer Gegenkultur, die von Gleichwertigkeit der Menschen und von Toleranz gegenüber Andersdenkenden gekennzeichnet, von Barmherzigkeit und Solidarität geprägt ist. Hier stellt sich eine große Herausforderung an die Religionen, aus ihren mystischen Urquellen und prophetischen Impulsen neue Perspektiven und mutige Ansätze des sozialen Lebens zu entwickeln. In diesem Zusammenhang könnte die Frage gestellt werden: Welche für die heutige Zeit relevanten Werte entstehen aus der Praxis Jesu? Und was soll die Rolle der Kirche in der heutigen, zerbrochenen Welt sein, um eine dem Evangelium entsprechende Gegenkultur anzubahnen? (Zu dieser Analyse: Joachim Jeremias, Jerusalem in der Zeit Jesu, Göttingen, 1976)

Die gesellschaftliche Situation zur Zeit Jesu

Jesus lebte in einer weithin gestuften Gesellschaft. Eine Reihe von Menschen erhob den Anspruch, die Kerngemeinde des Volkes zu sein, das wahre Israel. Mit dem Beweis der Blutreinheit in ihrer Familienherkunft glaubten sie nachweisen zu können, dass sie die eigentlich Reinen seien. Reserviert für diese religiöse und kulturelle Aristokratie waren Berufe wie Lehrer, Priester, Richter und Gemeindeleiter. Diese Oberschicht ist neutestamentlich mit dem Sammelbegriff »Pharisäer und Schriftgelehrte« bezeichnet. Die große Mehrheit des Volkes aber lebte in den unteren Schichten der Gesellschaft. Es gab damals eine Reihe von Gewerben, welche die Menschen unrein machten: Zöllner, Hirten, Weber, Schneider, Barbiere, Metzger, Eseltreiber, Kamelführer, Kupferschmelzer, Ärzte, Masseure. Man sah ihr Tätigkeiten als schmutzige Werke oder als Räuberberufe. Außerdem hielt man die von Geburt aus Blinden, Tauben, Gelähmten und die geistig Behinderten für unrein, weil sie, wie man glaubte, die Last der Sünden der Eltern trugen (Joh 9, 2). Die Leprakranken und die Besessenen wurden als von Gott streng Bestrafte vom Gemeindeleben ausgeschlossen. All diese Menschen bezeichnete man neutestamentlich mit dem Sammelbegriff »Zöllner und Sünder«.

Die Reinen in der Zeit Jesu wollten nicht mit den Unreinen in Kontakt kommen. Es war undenkbar, dass Pharisäer und Schriftgelehrte ganz selbstverständlich mit Zöllnern und Sündern verkehrten. Jemand aus der Oberschicht durfte einem Zöllner keinen Besuch machen (Lk 19, 7), oder eine Sünderin in sein Haus einlassen (Lk 7, 39; 15, 28). Keiner wollte einen Leprakranken anfassen (Mk 1, 41) oder einen Besessenen aufsuchen (Mk 5, 11). Die Bitte des Aussätzigen an Jesus war bezeichnend: Wenn du willst, kannst du machen, dass ich rein werde (Mk 1, 40). Er bat nicht so sehr um körperliche Heilung als um Befreiung von sozialem Unreinsein.

Der Bruch in der Gesellschaft war am deutlichsten spürbar in der Tischgemeinschaft. Die Oberen wollten sich nicht mit den Unteren an einen Tisch setzen. Tischgemeinschaft hatte eine sakrale Bedeutung: sie war Zeichen der endzeitlichen Tischgemeinschaft mit den Vorvätern im Himmel. Dazu gehörten natürlich nur diejenigen, die sich rein hielten und gesetzestreu lebten. Mit einem anderen Menschen an einem Tisch zu sitzen und das Brot mit ihm zu brechen hieß den anderen als gleichwertig und geschwisterlich zu betrachten. Das war in der damaligen, gestuften Gesellschaft nicht möglich.

Die Gegenkultur Jesu

Dieser gesellschaftlichen Situation begegnete Jesus mutig mit einem göttlichen Sendungsbewusstsein. Gleich bei seinem ersten Schritt in das öffentliche Leben machte er es klar: »Der Geist des

Herrn ruht auf mir, denn der Herr hat mich gesalbt. Er hat mich gesandt, damit ich den Armen eine gute Nachricht bringe, damit ich den Gefangenen die Entlassung verkünde und den Blinden das Augenlicht, damit ich die Zerschlagenen in Freiheit setze und ein Gnadenjahr des Herrn ausrufe« (Lk 4, 18–19). Jesus konnte seinen von Gott gegebenen Auftrag nur in Beziehung zu den Ausgestoßenen und Vernachlässigten begreifen und erfüllen (Lk 7, 22). Er war von der Misere der Massen tief betroffen (Mk 6, 34). Jesus erkannte, dass der Bruch der Gesellschaft in der Tischgemeinschaft am deutlichsten zu spüren war. Dagegen leitete er eine Gegenbewegung ein: an seinen Tisch lud Jesus die ausgestoßenen, für unrein gehaltenen Menschen. Mit den Zöllnern und Sündern brach Jesus das Brot und dabei sagte er: »Selig seid ihr Armen, euch gehört das Himmelreich« (Lk 6, 20). Die Pharisäer und Schriftgelehrten empörten sich darüber (Lk 5,30; 15,2). Ihnen antwortete Jesus: »Zöllner und Prostituierte gelangen eher in das Reich Gottes als ihr« (Mt 21, 31). Viele werden von Osten und Westen, von Norden und Süden kommen und im Reich Gottes zu Tische sitzen; die aber, für die das Reich Gottes bestimmt war, werden hi- nausgestoßen in die tiefste Finsternis (Lk 13, 29; Mt 8, 12).

Jesus wollte, dass diese Art der Tischgemeinschaft zur Grundhaltung des Verhaltens in der neuen Ordnung werden sollte (Lk 14, 13). In ihr darf es eigentlich keinen Unterschied mehr geben zwischen dem Herrn und dem Knecht (Joh 13, 14), zwischen dem Oberen und dem Untertan (Mk 10, 41–43), zwischen dem Ersten und dem Letzten (Mt 20, 16). Alle dürfen sich um einen Tisch setzen und an dem einen Mahl teilnehmen, weil alle gleichwertige Menschen sind, Töchter und Söhne des einen Vaters, miteinander tief verbunden wie Reben eines einzigen Weinstocks.

Die Tischgemeinschaft Jesu entfaltete sich langsam als eine Menschen befreiende Bewegung von unten. Die Ausgestoßenen bekamen dadurch ein neues Selbstwertgefühl und ein beglückendes Gottesverständnis. Diese Erfahrung gestaltete ihr Leben um. Das bedeutete allerdings eine Bedrohung für die Elite und die Mächtigen der Oberschicht der damaligen Gesellschaft. Sie entdeckten in der Praxis Jesu einen Zündstoff, der explosive Konsequenzen haben könnte. Sie spürten, dass die Tischgemeinschaft Jesu zu einem Zustand führen könnte, in dem ihre gestufte Gesellschaftsordnung zusammenbrechen würde. Wenn die abgestufte Pyramidengesellschaft durch eine egalitäre Kreisgemeinschaft ersetzt werden sollte, würden die Herren ihre Machtpositionen verlieren. Kein Wunder, dass die Machthaber sich trafen und entschieden, dass es besser sei, wenn einer stirbt, als dass die gesamte sozio-religiöse Pyramide zusammenbricht (Joh 11, 50). So haben sie Jesus ans Kreuz geschlagen. Der Kreuzestod ist der Preis, den Jesus für seine Tischgemeinschaft bezahlt hat.

Zu meinem Gedächtnis

Aber Jesus wollte, dass seine Sache weitergeht, dass die Tischgemeinschaft trotz seines Weggehens fortgesetzt wird. Kurz vor seinem Abschied saß er mit seinen Freunden um einen Tisch. Er brach mit ihnen zum letzten Mal das Brot und sagte: Ihr sollt immer wieder zusammenkommen und zu meinem Gedächtnis miteinander das Brot brechen (Lk 22, 19). Was hat Jesus damit gemeint? Sinngemäß könnte man es so umschreiben: Ihr wisst, warum ich so früh von euch Abschied nehmen musste. Mit den Armen und Ausgestoßenen haben wir immer wieder das Brot gebrochen. Dadurch konnten sie spüren, dass auch sie Menschen sind und vom Vater geliebt werden. Sie sind die Ersten im neuen Gottesreich. Dies wurde für die Bewahrer der alten Ordnung zur Bedrohung. Darum wollten sie mich loswerden. Aber ihr sollt unsere, die Menschen befreiende Bewegung weiterführen. Seid gewiss: wenn ihr im Sinne unserer Tischgemeinschaft zusammenkommt, bin ich *leibhaft* in eucrer Mitte gegenwärtig. Und um dieses Grundanliegen deutlich zu machen, hat Jesus wie ein Sklave den Jüngern die Füße gewaschen (vgl. Joh 13, 3–17; 15, 18-20, Mk 10, 41–45).

Das war ein bewegender Augenblick für die Jünger; daraus ist eine neue Bewegung entstanden, die wir Eucharistie nennen. Allerdings ist der eigentliche Entstehungsort der Eucharistie in den vielen Tischgemeinschaften Jesu zu finden, die der Anlass für das letzte Abendmahl waren. Dort wurde seine Botschaft der neuen Ordnung verkündet und befreiend verwirklicht. Dort ist eigentlich die neue Gemeinschaft entstanden, die das Reich Gottes versinnbildlicht. Die Kirche Jesu ist die Fortsetzung der Tischgemeinschaft Jesu mit den Armen. Es geht um eine alle Grenzen sprengende geistige Gemeinschaft, die sich quer durch alle gesellschaftlichen Schichten entfaltet. Die Kirche Jesu darf nicht mit dem Christentum gleichgesetzt werden. Christentum ist eine geschichtlich gewordene und stark institutionalisierte Religion; Kirche ist eine spirituelle Wirklichkeit, welche die Menschen verwandelnde und vereinigende Gegenwart des göttlichen Geistes spürbar macht. So gesehen hat die Kirche den Auftrag, sich für eine Gegenkultur einzusetzen, welche die Werte der Frohbotschaft Jesu in die Praxis umsetzt. Mit diesem Ansatz tritt die Kirche auf mit einer mutigen, prophetischen Kritik an den jeweiligen politischen und wirtschaftlichen Strukturen sowie an den kulturellen und religiösen Strömungen der Zeit.

13 Verwandlung des Leibes

Eucharistie als Sakrament der Erde

Ein Grundansatz des christlichen Glaubens besagt, dass der Leib der erste Ort der Gotteserfahrung ist. Das Wort ist Fleisch geworden: Gott ist im Leib und durch den Leib zu uns gekommen. Als Antwort darauf sollen wir im Leib und durch den Leib zu Gott gelangen. Glaube an Inkarnation verlangt, dass wir den Leib zum ursprünglichsten Ort der Gotteserfahrung werden lassen. Der Leib ist das Ursakrament. Zu dieser Erfahrung führt uns die Eucharistie.

Ein gewisser Dualismus zwischen Leib und Geist prägt das abendländisch-christliche Menschenbild. Im Gebetsvorgang wird der Leib ausgeklammert, und so entsteht im Glaubensvollzug eine Art Leibfeindlichkeit. Eine Spiritualität, die in der Fleischwerdung des göttlichen Wortes begründet ist, bedarf einer wiederhergestellten Leib-Geist-Harmonie. Der Leib soll als Tempel des göttlichen Geistes erfahren werden, als Ort der Verwandlung. Das Heil entsteht im Ganzwerden. Dies ist ein leibbezogener Prozess. Daran nehmen wir in der Eucharistie teil.

Leib als Sakrament

Leib ist die Ursprache des Menschen. Dies erleben wir deutlich bei den Kindern. Als Erwachsene haben wir zum großen Teil die Leibsprache verlernt. Der Leib wird oft als Gegenstand betrachtet, auf Leistung hin überfordert und als Konsumgut missbraucht. Dadurch geschieht eine tief greifende Entfremdung im Menschen, die sich in verschiedensten Formen bis hin zu Krankheit, Sucht und Promiskuität ausdrückt. Eine heilsame Harmonie im Leib bedeutet eine Transparenzerfahrung: durchlässig zu sein für den göttlichen Geist, der in uns wohnt. Hier handelt es sich nicht um den Körper, den wir haben, sondern um den Leib, der wir sind. Der Leib ist das Ganze der Gestimmtheiten und Gebärden, wodurch das Dasein des Menschen in der Welt zur Entfaltung kommt. Eucharistie erschließt uns diese leibhafte Transparenzerfahrung.

Der Leib ist der vorrangige Ort der Selbstentfaltung. Im Leib erkennen wir unsere eigene Geschichte mit all ihren Licht- und Schattenseiten. Bewusste und liebevolle Annahme der eigenen Leiblichkeit bedeutet befreiende Selbstannahme und Annahme der anderen Menschen in ihrer Eigenart. Nur dadurch entsteht eine lebendige Gemeinschaft, welche die Entfaltung jeder einzelnen Person mitträgt und mitgestaltet. Die um den eucharistischen Tisch versammelte Gemeinde ist eine leibhaft miteinander verbundene Gemeinschaft, ernährt durch ein Brot und belebt durch einen Geist.

Erde als Sakrament

Im Leib erkennen wir das Einssein mit der ganzen Schöpfung. Menschlicher Leib ist die zu Bewusstsein gekommene Erde. Die Erde ist die erweiterte Gestalt unseres Leibes, und unser Leib ist die verwandelte Gestalt der Erde. Die Erde – und damit die ganze Natur – ist die große Mutter, aus der unsere Leiblichkeit entsteht, in der sie sich entfaltet und zu der sie zurückkehrt. Die Erde gebiert sich ständig in unseren Leib hinein. Alles, was wir essen, ist letztlich verwandelte Erde. Wie Kinder im Schoß des stillenden Mutterleibes werden wir von der Erde ernährt. In diesem Geburtsvorgang begegnet uns Gott in Christus; dies ist das Geheimnis der Eucharistie.

Das Brot auf dem eucharistischen Tisch hat einen Lebenslauf, der letztlich unsere eigene Biografie und gleichzeitig Gottes Geschichte mit uns ist. Das kleine Weizenkorn ist in die Erde gefallen und durch Leiden und Sterben in der Erde aufgegangen. Aber dies bedeutete nicht nur Tod, sondern auch Neugeburt. Die belebende Kraft der Erde brach durch das kleine Korn hindurch und trieb sich hoch. Die keimende und wachsende Pflanze ist nichts anderes als sich verwandelnde Erde. Dadurch ist das kleine Korn Mutter von vielen, vielen Körnern geworden. Später wurden die Körner in der Mühle gemahlen und in der Hitze gebacken; wieder ein Leidensweg, der zur Verwandlung, zum ernährenden Brot führt. Das Brot wird gebrochen und verteilt, gekaut und verdaut. Das Brot wird zum Leib.

Die Eucharistie als Sakrament

In diesen Verwandlungsvorgang, in dem Erde und Menschen zu einer belebenden Einheit gelangen, tritt Gott ein. Die heilende Gegenwart Gottes öffnet sich im Brot, das die Erde zu unserem Leib verwandelt. Dadurch wird der Geist, der die Erde neu gestaltet und unseren Leib belebt, in unserer Mitte wirksam. Die eucharistische Verwandlung ist Zeichen und Zusage der ganzheitlichen Verwandlung der Schöpfung in das neue Sein, das im auferstandenen Christus verleiblicht wurde. Eucharistie ist das Sakrament der neuen Schöpfung. An der Eucharistie teilzunehmen bedeutet, eine große Verantwortung auf sich zu nehmen. In Jesus Christus ist Gott für uns Brot geworden, damit wir füreinander Brot werden. Gebrochen wie Brot, ist er für uns Heil geworden; gebrochen wie Brot, werden wir zu seiner Heilsgemeinschaft, indem einer den anderen nährt. Wie das Weizenkorn geht er auf unserem Leidensweg mit und gestaltet das Leben neu. Daher haben wir Kraft, das Leiden auszuhalten und den leidenden Schwestern und Brüdern nahe zu stehen und so die Welt neu zu gestalten. Die Tischgemeinschaft Jesu mit den Armen und Ausgestoßenen ist der ursprüngliche Ort der Eucharistie. Gott teilt sein Brot mit uns, damit wir unser Brot miteinander teilen. Es gibt nur eine eucharistische Gemeinschaft, die sich in vielen Orten verwirklicht. Am eucharistischen Tisch teilzunehmen bedeutet die Erde als Brotquelle aller Menschen zu bewahren. Es gibt nur einen eucharistischen Tisch: unsere Erde. Es gibt nur ein eucharistisches Brot: unsere Erde!

Meditation

14 Prozess der spirituellen Versenkung

Bereiche des Bewusstseins

Wenn gefragt wird: wer bist du?, haben wir eine eindeutige Antwort. Wir stellen uns vor mit unserem Namen und Beruf, mit unserem Wohnort und Interessengebiet. Aber ist diese Art der Selbsterkenntnis deutlich genug für uns, diese Art der Selbstvorstellung ausreichend für die anderen? Unsere Selbstwahrnehmung kommt aus dem oberen Bereich des Bewusstseins. Es gibt aber tiefere Schichten des Bewusstseins. Darauf weisen die Meister von Ost und West hin, und sie laden uns ein, tiefer einzudringen. Im Allgemeinen könnte man von drei Schichten des Bewusstseins sprechen: *Wachbewusstsein, Unterbewusstsein* und *spirituelles Bewusstsein* (Brih. Up. 4.3.1–9):

Wachbewusstsein

Dies ist der Bewusstseinsbereich, in dem wir uns meist von morgens bis abends befinden. In diesem Bereich sind wir ständig vom Verstand vorwärts getrieben, zu den Menschen und zu den Dingen. Unser Alltag entfaltet sich in der Struktur der Ich-Du/Ich-Es-Beziehung. Der Verstand kann etwas nur begreifen oder fühlen, insofern es vergegenständlicht wird. Alles, was in uns und um uns vorhanden ist, wird vom Verstand verobjektiviert, zum Du oder zum Es. Der Mensch braucht diesen Vorgang des rationalen Analysierens und emotionalen Ergreifens, um sich und die Umwelt zu bewältigen. Der Mensch als Person braucht das personale Du zu seiner Entfaltung: erst durch das Du werde ich zum wahren Ich. Und der Mensch als leibhaftes Wesen braucht die Dinge der Natur: erst durch die Kultivierung der Natur entfalten sich die schöpferischen Kräfte des Menschen und des Kosmos. Soziale Entfaltung und wissenschaftliche Entwicklung gehören zum ganzheitlichen Werden des menschlichen Lebens.

Unterbewusstsein

Unser Umgang mit den Menschen und Dingen ist ständig von unbewussten Faktoren gesteuert. Sie entstehen aus den unerkannten Bereichen des Unterbewusstseins, das von unserer persönlichen Biografie, aber auch von der Entwicklungsgeschichte der Menschheit geformt ist. Darum spricht man vom personalen und vom kollektiven Unterbewusstsein. In der Gebärmutter des personalen Unterbewusstseins sind die Erinnerungen und Erbanlagen, die unausgedrückten Gedanken und unterdrückten Gefühle gespeichert. Die Erfahrungen der ersten Jahre der Kindheit formen maßgebend das Grundmuster der Psyche und prägen die Grundausrichtung des eigenen Temperaments. Aber in den tieferen Schichten des kollektiven Unterbewusstseins sind die Faktoren der Entwicklungsgeschichte der gesamten Menschheit gespeichert. Durch die körperlichen Entfaltungsphasen durchläuft das kleine Wesen im Mutterleib die Evolutionsstadien der Menschheit, wobei die Spuren dieses Werdegangs der Menschheit unterschwellig zurückbleiben. Sie tauchen in den Fantasiebildern und Traumsymbolen auf, ganz deutlich in Formen der kollektiven Archetypen. Die Mythen und Märchen der Völker entstehen eigentlich aus diesem Bewusstseinsbereich. Darum üben diese archetypischen Bilder eine universale Faszination aus: sie harmonisieren die psychischen Strömungen und heilen die psychischen Störungen. Eine Kultur, die ihre Mythen verdrängt, neigt dazu, aggressive Verhaltensweisen zu entwickeln oder in die Leere der Sinnlosigkeit zu verfallen. Eine Religion, die ihre Mythen ausschaltet, verliert die verwandelnde Kraft der Symbole und die verbindende Kraft der Sprache. Die Reifung des Menschen verlangt, das Unterbewusstsein ganz anzunehmen, das eigene wie das kollektive, und demütig einzusehen, dass vieles im Keller des Unterbewusstseins weiterhin als Geheimnis liegen bleiben wird: Ich bin ein Geheimnis für mich selbst!

Spirituelles Bewusstsein

Tiefer als das Unterbewusste liegt ein Bereich, den wir das transzendentale Bewusstsein oder Überbewusstsein nennen können. Weil es hier um das Gewahrwerden des Geistes geht, möchte ich es als das *spirituelle Bewusstsein* bezeichnen. Hier erfährt der menschliche Geist seine Ausrichtung auf den göttlichen Geist, auf das Absolute. Hier befindet sich der Mensch an der Grenze seines existenziellen Seins und spürt gleichzeitig die Grundoffenheit zu den unbegrenzten Horizonten des essenziellen Seins. Hier werden dem Menschen die Möglichkeiten der Bewusstseinserweiterung sowie die Sphäre der geistigen Tiefendimensionen bewusst. In ihm erwacht ein Gespür für das unfassbare Geheimnis des Göttlichen. Aus dieser Sensibilität für das Mysterium entfaltet sich ein mystisches Bewusstsein. Die Mystiker und Meister aller Religionen haben verwandelnde Erfahrung in diesem Bewusstseinsbereich gemacht und versuchen sie in einer vielfältigen Symbolsprache zum Ausdruck zu bringen. In dieser Erfahrungstiefe steht der Mensch auf dem Seinsgrund und sieht im göttlichen Licht alles neu. In dieser Sichtweise erfährt er die Einheit mit dem All-Ganzen, mit dem Göttlichen in sich und um sich; eine Harmonie mit allen Wesen. Daraus entsteht eine Haltung der universalen Barmherzigkeit, die das Grundverhalten des erwachten Menschen prägt. Welche Bedeutung hat nun diese dreischichtige Einteilung des Bewusstseinsprozesses für die geistige Versenkung?

Gott als personales Du

Wie oben angedeutet, entfaltet sich das Alltagsleben im Umgang mit Menschen und Dingen im Bereich des Wachbewusstseins. Der Verstand muss alles vergegenständlicht betrachten. Dabei wird auch Gott vergegenständlicht: Gott wird zum Du im religiösen Bewusstsein. In der religiösen Praxis wird Gott zum Gegenstand der Anbetung und zur Person der Verehrung, zum Objekt des theologischen Denkens und zur Gestalt der hierarchischen Repräsentation. Der Mensch braucht solche religiösen Vorstellungen im Lebensvollzug. Der Mensch als personales Wesen braucht die liebende Zuwendung zu einem personal aufgefassten Gott und die Erfahrung des Angenommenseins durch den personalen Gott. Im Angenommensein durch einen duhaften Gott nimmt sich die menschliche Person als personales Ich an. Alle Religionen versuchen, Wege zu dieser unerlässlichen Art der Beziehung mit Gott aufzuzeigen. Hier erhält der Namenlose verschiedene Namen und das Formlose vielfältige Formen. In diesem Bereich des religiösen Bewusstseins, das von der Geschichtlichkeit und Gesellschaftsbezogenheit der Menschen bedingt ist, werden die Heilstaten Gottes in der Geschichte er-

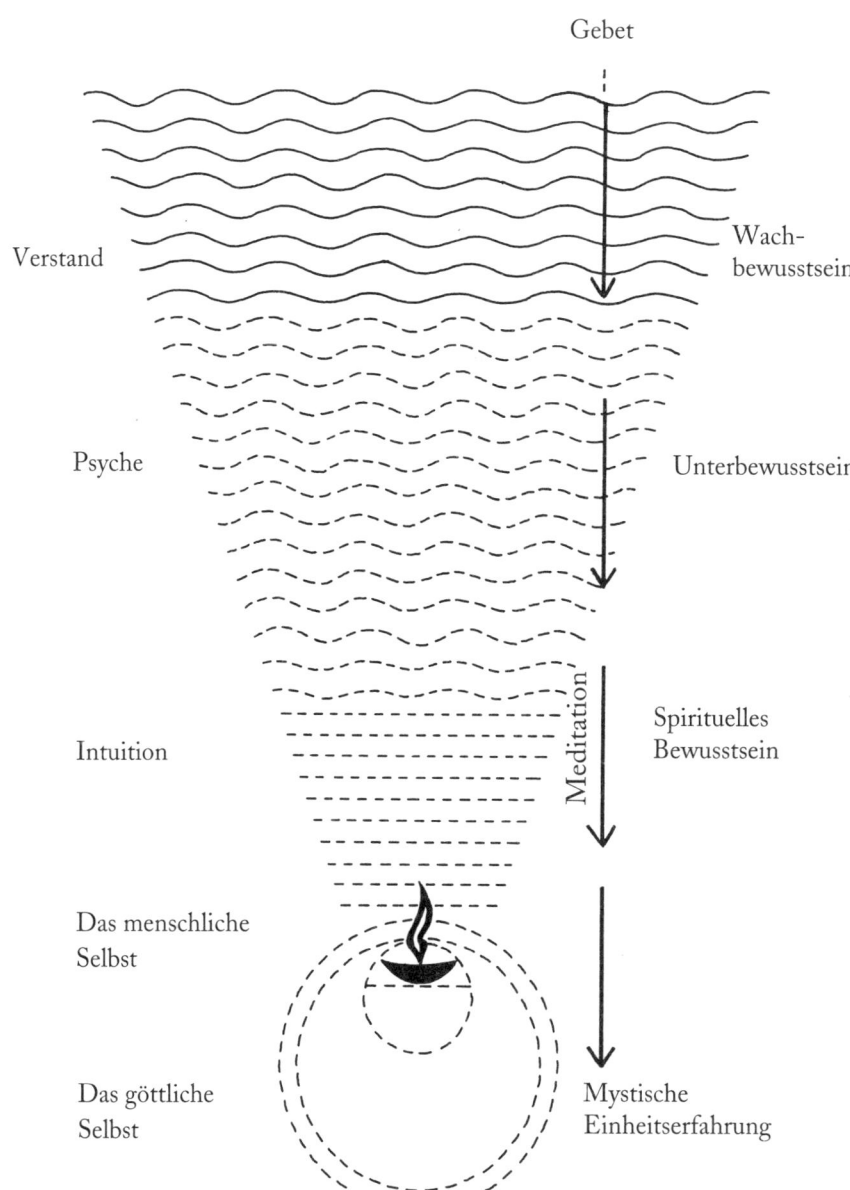

Gebet

Verstand

Wach-
bewusstsein

Psyche

Unterbewusstsein

Intuition

Meditation

Spirituelles
Bewusstsein

Das menschliche
Selbst

Das göttliche
Selbst

Mystische
Einheitserfahrung

zählt, werden seine Gebote zur Gestaltung der Gesellschaft erkundet. Durch diese Offenbarungsmomente wird die heilende Nähe Gottes zu den Menschen erfahrbar gemacht und die verbindende Liebe Gottes unter den Menschen spürbar vermittelt. In diesem geistigen Prozess entfaltet sich die Religion mit ihrer farbenreichen Welt der Schriften und Symbole, Normen und Strukturen. Der Mensch braucht diese Elemente, um die Gotteserfahrung auszudrücken, mitzuteilen und über die Generationen weiterzugeben.

Der abwesende Gott

Die Mystiker und Meister aller Religionen stellen klar, dass das Begreifen Gottes auf dem oberen Bewusstseinsbereich nur eine fragmentarische Wahrnehmung ist. Der Gottsuchende muss über das Begriffene hinausgehen und in die tieferen Schichten des Bewusstseins eindringen. Bei diesem Vorgang durchläuft man die Schichten des Unterbewusstseins. Dieser Bereich wird oft mit einem Urwald verglichen, in dem Angst erregende Wesen erscheinen können. Man erlebt einen Zustand der Verlorenheit und Vereinsamung, aus dem heraus man schreien möchte: Mein Gott, mein Gott, warum hast du mich verlassen! Der Gott, der mich auf der Ebene des religiösen Wachbewusstseins getragen hat, ist verschwunden. Ich spüre, dass das Licht, das ich bisher erlebte, jetzt zur Finsternis geworden ist (Dionysios Areopagita), dass ich eine innere Entleerung durchmache (Meister Eckhart), dass ich eine dunkle Nacht durchlebe (Teresa von Avila), dass mein bisheriges Wissen in die Wolke des Nichtwissens umgestaltet ist. Dem suchenden Schüler sagte der upanishadische Meister: »Du musst begreifen, dass alles, was du für Gott hältst, nur Name ist; du musst tiefer eindringen!« (Chand. Up. 7.1.3.)

Und der Zenmeister warnt den Meditierenden: Wenn der Buddha erscheint, bringe ihn um! Auf der inneren Pilgerfahrt durch die Schichten des Unterbewusstseins tauchen Bilder auf, die sich festigen wollen; aber »der Suchende darf nie bei Begriffen und Bildern stehen bleiben, sondern er muss immer auf das Unfassbare hin unterwegs sein« (Gregor von Nyssa, Zum Hohenlied). Auf diesem inneren Weg treffen die widerstreitenden Geister aufeinander; darum soll man sich um die »Gabe der Unterscheidung der Geister« bemühen (Ignatius von Loyola). Auf diesem inneren Weg braucht der Suchende einen Wegbegleiter, einen Meister, einen Guru. Es ist erstaunlich, dass gerade in der heutigen, säkularisierten Gesellschaft viele Menschen einen heilsamen Gang in die tiefen Schichten des Bewusstseins antreten; und dafür suchen sie einen Wegweiser. Die Psychologie hat dem Menschen geholfen, einiges von seinem Unterbewusstsein deutlicher wahrzunehmen und zu analysieren; aber die eigentliche Suche muss weit über die Psychologie hinausgehen, weil die heilende Quelle tief in uns verborgen liegt. Menschen suchen Wege zu dieser inneren Quelle, und deshalb ist der Ruf nach dem Meister laut geworden.

Gott als das transpersonale Selbst

Im tiefen spirituellen Bewusstsein erfährt der Mensch die Immanenz des Göttlichen in seinem Seinsgrund, und gleichzeitig ist er vom Geheimnis des Göttlichen überwältigt. Es ist die Erfahrung des Heiligen als tremendum et fascinosum (Rudolf Otto, Das Heilige). Die Mystiker und Meister aller Religionen haben einen intensiven Zugang zu diesem Innenraum erlebt, den sie in vielfältigen Symbolen darzustellen versuchen: Burg Brahmans (Veden), Höhle des Herzens (Upanishaden), Garten der Seele (Sufis), Hort der Seele (Meister Eckhart), Seelenburg (Teresa von Avila). Jesus selbst sprach von ihm als der inneren Kammer, in der sich das eigentliche Beten vollziehen soll (Mt 6, 6). In diesem Innenraum des Menschen erstrahlt das Licht Gottes (Dionysios Areopagita), entflammt das Feuer Gottes (Bonaventura), die Flamme Gottes (Johannes vom Kreuz), das Fünklein Gottes (Meister Eckhart); das innere Auge wird vom göttlichen Licht durchflutet (Augustinus), der innere Lotos wird von der göttlichen Sonne geöffnet (Upanishaden). Es ist eine befreiende Erfahrung der tiefen Glückseligkeit *(ananda)*, eine verankernde Erfahrung des mystischen Einswerdens *(unio mystica)*, eine beglückende Erfahrung der ganzheitlichen Leere (Buddhismus), eine begründende Erfahrung der Seinsfülle (Upanishaden), eine verwandelnde Erfahrung der Durchlässigkeit (Bhagavad Gita).

Alle Mystiker erleben, wie sich hier zeigt, eine tiefe Einheit mit dem Göttlichen, die sich aber in verschiedener Intensität ausdrückt. Grundsätzlich können wir drei Formen dieser Einheitserfahrung feststellen:

● eine tiefe Intimitätserfahrung, in der die Ich-Du-Beziehung mit Gott verfeinert wird und aus der die Liebe aufquillt;

● eine enge Teilnahmeerfahrung, in welcher der Mensch sich als Teil des Göttlichen wahrnimmt, und aus der die wahre Erkenntnis erwacht;

● eine letztgründige Seinseinheitserfahrung, in welcher der Mensch mit dem Göttlichen eins geworden ist; daraus wächst die Alleinheitserfahrung, die sich in Barmherzigkeit ausdrückt.

Eigentlich bleibt der Gottsuchende für alle drei Dimensionen der Gotteserfahrung offen. Wie der Geist Gottes unmittelbar in die Seele einwirkt, kann man nicht von vornherein bestimmen

(Ignatius von Loyola, Geistliche Übungen, 15). Der Geist, der weht wo er will, erforscht die tiefen Schichten des Bewusstseins, sogar die Tiefe Gottes (1 Kor 2, 10). Oft wird eine spiralförmige Bewegung einsetzen, in der die Erfahrung von einer Dimension zur anderen übergeht und in der das Bewusstsein vertieft und verwandelt wird.

Dieser Prozess im Innenraum des Menschen ist allerdings ein Geschehen der Gnade Gottes. »Durch Gelehrsamkeit und Askese erreicht niemand den Atman (göttlichen Geist), nur wer seine Gnade gewinnt, dem offenbart der Atman seine Wahrheit« (Katha Up., 2,23). »Durch meine Gnade wirst du das Höchste erreichen« (Bhagavad Gita 18,62). Gott kann man nur in Gottes Licht sehen (Thomas von Aquin). Durch Askese und Disziplin des Lebens machen wir uns rein und sensibler, damit dem Geist in uns Raum geschaffen wird. Aber der eigentliche Durchbruch des Geistes ins Bewusstsein ist eine Gnadengabe. Das innere Auge wird nur geöffnet, wenn es vom göttlichen Lichte durchflutet wird (Augustinus, Psalmenkommentar), nur wenn es von göttlicher Liebe aufgetan wird (Bhagavad Gita 11, 8).

Die Universale Gegenwart Gottes

Aus diesem Einheitsbewusstsein heraus schaut der Mensch die Weltwirklichkeit neu an. Er sieht Gott in allem und alles in Gott. Dies ist eine Aussage, die sich bei vielen Mystikern im Osten und im Westen findet. Die gesamte Wirklichkeit wird erlebt in einem Prozess, in dem Gott alles durchdringt (Isa Up. 1, 1), der Geist alles neu schafft (2 Kor 5, 17). Gottes Licht durchleuchtet den Kosmos zu einer universalen Theophanie (Teilhard de Chardin). Gottes Gegenwart verwandelt alles zu der neuen

Erde und zum neuen Himmel (Apk 21, 1). Gottes Liebe belebt die ganze Wirklichkeit von innen (Meister Eckhart). Die Natur wird als Leib Gottes erfahren (Bhagavad Gita 11,10ff), die Erde als Hülle Gottes (Brihad. Up., 3.7.3.), der Leib als Tempel des Geistes (1 Kor 6, 19). Es gibt keine Kluft zwischen dem Sakralen und dem Säkularen: alles ist sakral im Wirkungsbereich des Geistes. Im tiefen mystischen Bewusstsein wird man in allen Dingen eine Durchlässigkeit spüren, die dem verwandelnden Geist Raum lässt.

Aus dieser Transparenzerfahrung heraus tritt der Mensch in der Welt mit einem liebenden Einsatz auf. Er versteht sein Handeln dort als Mitwirkung mit dem Geist Gottes. Er nimmt sich als Werkzeug in den Händen Gottes an und setzt sich für Frieden und Gerechtigkeit, für die Befreiung des Menschen und die Bewahrung der Schöpfung ein. Die Grundhaltung, die alle Mystiker als Kennzeichen des neuen Bewusstseins bezeichnen, ist die Barmherzigkeit. Die Zuwendung zu den anderen Menschen und Geschöpfen entsteht aus der Tiefe der Erfahrung der Einheit mit dem Göttlichen. Da wird der andere in seiner Andersartigkeit respektiert und im Wirkungsbereich des göttlichen Geistes angenommen. »Liebe deinen Nächsten wie dich selbst« würde dann bedeuten, das Selbst im anderen zu sehen, das Göttliche im anderen wahrzunehmen. Man geht aus der tiefen Selbst-Erfahrung heraus auf das andere Selbst zu. Das, was die Herzen verbindet, ist der Geist Gottes. Alle menschlichen Beziehungen werden im Rahmen der Wirkung des Geistes vertieft und verwandelt. So führt der mystische Weg nach innen zum prophetischen Einsatz in der Welt.

15 Gebet als Hinwendung zum göttlichen Du

Eine befreiende Beziehung

In den spirituellen Traditionen der Weltreligionen gibt es grundsätzlich zwei Arten, über die letzte Wirklichkeit zu sprechen: Gott als personales Du und das Göttliche als transpersonales Mysterium. In der hinduistischen Erfahrungswelt wird Gott einerseits in duhaften Formen als Iswara angesprochen und andererseits als Brahman, das formlose Mysterium, erfahren. In der christlichen Tradition wird Gott als liebender Vater angesprochen, der aber in den Himmeln, d.h. »in unzugänglichem Licht« wohnt (1 Tim 6, 16). Das Gebet entfaltet sich in der Dialektik zwischen der Begegnung mit dem personalen Gott und der Erfahrung des transpersonalen göttlichen Mysteriums. Auf das Göttliche hin wird der Gott angesprochen. Das Erwachen des menschlichen Geistes zum göttlichen Geist schwingt zwischen den beiden Erfahrungspolen. Das Gebet beginnt mit der Hinwendung zum göttlichen Du und geht in die meditative Versenkung, in das göttliche Mysterium über; in der Versenkung geschieht eine vertiefte Begegnung mit dem Du, die das Beten zu einer mystischen Einheitserfahrung führt. In der tiefsten Einheitserfahrung erwacht der menschliche Geist zu dem transpersonalen Mysterium des göttlichen Geistes. Dann wird es klar: der Gott, zu dem ich beten will, ist eigentlich der Geist, der in mir betet (Röm 8, 26). Gott ist das eigentliche Subjekt des Betens.

Um sich auf diesen inneren Verwandlungsprozess einzulassen, braucht der Mensch angepasste Formen der personalen Gottesvorstellung. Da der Mensch sich als personales Ich erfährt, braucht er die Zuwendung von und zu einem personalen Du, und dies nicht nur im emotionalen Bereich und im sozialen Lebensvollzug, sondern vielmehr in seiner Gottesbeziehung. Die personale Struktur des Menschen ist auf den personalen Gott ausgerichtet. Erst durch die Erfahrung des personalen Gottes nimmt sich der Mensch ganzheitlich als personales Wesen wahr und verwirklicht sein Person-Sein. In der bewussten Hinwendung zum personalen Gott wird dem Menschen seine eigentliche, personale Würde bewusst. Durch das Du werde ich zum wahren Ich.

Gebet als Zwiesprache

Diese Hinwendung zu Gott als einem Du geschieht vor allem im Gebet. Weil der Mensch als Person sich durch Sprache ausdrückt, findet in allen Religionen die Zuwendung zu Gott ihre Grundartikulierung in der Form der Zwiesprache mit dem personal aufgefassten göttlichen Du. Das Gebet ist die Sprache der Selbsttranszendierung des menschlichen Geistes. Im Gebet erwacht das Seiende *(ens)* zum Selbst-Sein *(esse ipsum)*. Das Gebet ist die Artikulierung der Grundausrichtung des Menschen auf Gott. Durch das Gebet wird die existenzielle Angewiesenheit des Menschen auf Gott deutlich zum Ausdruck gebracht. Das Gebet entfaltet sich im Kernbereich des menschlichen Seins und gleichzeitig wirft es den Menschen auf die Grenze seines geschöpflichen Seins. Der Betende steht vor Gott als Hörer des Wortes. Das göttliche Wort ist aber nicht etwas Fremdes, das auf ihn zukommt, sondern die eigentliche Lebensgrundlage, die ihn aus der Seinstiefe umfängt (Joh 1, 5). Das Gebet ist eine ganzheitliche Verankerung im Seinsgrund, der als personaler Liebesgrund erfahren wird. Im Gebet wendet man sich zu Gott mit bedingungslosem Vertrauen: tiefer kann ich nicht fallen als in seine Hände. Gebet verleiht Geborgenheit und Selbstvertrauen; Gebet verwandelt das Leben von der existenziellen Vereinsamung zur essenziellen Verbundenheit mit Gott und mit allem. Wer betet, nimmt sich als Teil des Ganzen wahr, tief verbunden mit allen Menschen und Dingen im Heilsvorgang des göttlichen Geistes. Gebet ist Ekstase im Herzen der Wirklichkeit.

Für den Gebetsvollzug braucht der Mensch, mindestens in den ersten Phasen, Namen und Formen, Bilder und Vorstellungen, die geeignet sind, die personale Liebe Gottes spürbar zu machen. Weil der menschliche Verstand nur im Vorgang der Verobjektivierung etwas begreifen kann, braucht der Mensch solche Mittel der Vergegenständlichung in Bezug auf Gott. In allen Religionen und Kulturen werden viele solcher Symbole angeboten, um den Betenden auf die Spur der Zuwendung zu Gott zu bringen. In der christlichen Glaubenserfahrung ist Jesus Christus das der Welt zugewandte Gesicht Gottes. In ihm ist Gottes Wort Fleisch geworden: der tragende Seinsgrund hat sich geöffnet, die verborgene Quelle der göttlichen Liebe hat sich ausgegossen, aus der abgründigen Tiefe Gottes strecken sich uns seine barmherzigen Hände entgegen. Darauf können wir vertrauen. Darin können wir uns getragen fühlen. Darum erfährt der erlösungsbedürftige Mensch in der personalen Beziehung mit Christus Heil und Halt, Licht und Liebe. Im christlichen Gebetsprozess wird

Christus daher zum Du. Wir sprechen ihn andächtig an; wir beten zu ihm vertrauensvoll, ihm geben wir uns hin. Um diese betende Zuwendung zu Christus zu vertiefen, empfehlen die Meister der christlichen Tradition vielfältige Formen des Betens. Ignatius von Loyola schlägt in seinem Exerzitienbüchlein vor, dass der Betende eine Szene des Lebens Jesu in der Vorstellung wachrufen und Gott liebevoll in vielfältigen Namen ansprechen soll. Dadurch kommt der menschliche Geist in Schwingung mit den Heilsgeheimnissen, in denen die heilende Liebe Gottes vermittelt wird.

Das Namensgebet

Eine einfache, aber wirksame Gebetsform, die weltweit empfohlen wird, ist die andächtige Wiederholung des Namens Gottes. Der Name, der dem Betenden die Heilsnähe Gottes vermittelt, wird mit jedem Atemzug innerlich wiederholt. Durch diese Übung öffnet sich die verwandelnde Kraft, die im Namen Gottes verborgen ist; der Betende wird zugleich zur ganzheitlichen Hingabe bewegt. Die Hindus z. B. summen den Namen Gottes: *Om Nama Sivaya* (Om, ich verehre Shiva); *Sri Ram, jaya Ram, jaya jaya Ram*. (Ehre sei dem Rama). Die Buddhisten wiederholen: *Buddham saranam gachami* (ich nehme in Buddha Zuflucht). Mit Vertrauen sprechen die Muslime: *Allahu akbar* (Gott ist groß). In den christlichen Gebetstraditionen gibt es viele Formen des Namensgebets. In der Erzählung des russischen Pilgers wird berichtet, dass der Betende unaufhörlich wiederholte: Jesus Christus, Sohn Gottes, erbarme dich meiner. In den hesychastischen Traditionen wird die Wiederholung des Namens Gottes empfohlen, um das Bewusstsein innerlich wach und auf Gott gesammelt zu halten. Auch die Litaneien und Stoßgebete sind wirksame Formen des einfachen Betens. In all diesen Formen geht es letztlich um die Vertiefung des Vertrauens in den liebenden und heilenden Gott. Durch die andächtige Wiederholung des Namens Jesu erwachen wir Christen zu der Heilsnähe Gottes, die in Jesus Christus geoffenbart wurde, zu seinem Geist, der hier und jetzt unser Leben in das neue Leben in Christus umgestaltet. Christliches Gebet ist Teilnahme am Heilsprozess des Geistes Christi. Beten heißt, den betenden Geist zuzulassen, aus unseren Herzen seufzen zu lassen, unser Leben verwandeln und alles in Christus erneuern zu lassen. So entwickelt sich das Gebet zu Christus zum Beten in Christo.

Das Bittgebet

Das Gebet nimmt vielfältige Formen an, in denen verschiedenartige Anliegen angesprochen werden. Jede Form des Betens ist letztlich Ausdruck der dialektischen Interaktion zwischen dem gnadenhaften Durchbruch des göttlichen Geistes und der freien Hingabe des menschlichen Geistes in der allumfassenden Entfaltung des neuen Seins. Durch das Bittgebet bringen wir vor Gott ein Stück unseres Lebens in Vertrauen und Freiheit dar, nicht um Gott zu informieren oder etwas von ihm zu erzwingen, sondern um dieses Stück des Lebens seinem Wirken zu öffnen. Der Geist kann nur das heilen, was dem Geist offen ist. Das Bittgebet ist eine Artikulierung der sich in Freiheit vollziehenden Mitwirkung des Menschen mit dem göttlichen Geist. Der Inhalt unseres Leidens und Ringens, unserer Wünsche und Hoffnungen wird in die verwandelnde Gegenwart des göttlichen Geistes erhoben *(elevatio)*. Durch das Bittgebet machen wir unser Leben zunehmend dem göttlichen Geist transparent. Dies ist eine Bedingung für die Möglichkeit der Gnadenwirkung Gottes in der Welt, weil es hier um die Freiheit des Menschen und Gottes geht. Befreit von der fragmentarischen Betrachtungsweise öffnen wir uns zu einer ganzheitlichen Sichtweise. Das Leben anschauen wie Gott es sieht – das ist der Sinn des Bittgebets. Sich annehmen als von Gott schon Angenommen – das ist die Gnade des Bittgebets. Ein Gebet, in dem das geschieht, ist bereits erhört, selbst wenn ihm Ergebnisse folgen, die dem konkreten Inhalt des Gebets widersprechen. Das Gebet vertieft das Vertrauen, dass ich nicht tiefer fallen kann als in die Hände Gottes, die mich immer tragen und mir Geborgenheit anbieten.

Der Gebetsprozess beinhaltet ein Stück Ringen des menschlichen Geistes mit dem göttlichen Geist. Das kommt daher, dass das Beten ein Wechselspiel zwischen der Freiheit des Menschen und der Gottes ist. Die Suche nach dem Willen Gottes setzt einen Kampf des Menschen mit dem eigenen Willen voraus, aber auch ein Ringen um den Willen Gottes. »Mein Gott, mein Gott, warum hast du mich verlassen« – dieser Schrei aus tiefster Vereinsamung ist eine Grunderfahrung bei jedem ehrlichen Gebet. Die Klage, die einem als abwesend erfahrenen Gott hingeschrien wird, kann ein echter Ausdruck des Vertrauens und der Hoffnung sein. Hier wird der Betende an die Grenze seiner Existenz gedrängt und mit der Verletzlichkeit und Zerbrochenheit seines Wesens konfrontiert. In dieser Notsituation wird umso intensiver die rettende und heilende Gegenwart des göttlichen Geistes spürbar. Jesus machte es deutlich mit dem Bild: Das Weizenkorn muss in die Erde fallen und sterben; nur dann kann es reiche Frucht bringen (Joh 12, 24).

Das Gebet verleiht Grundvertrauen in die tragende Kraft und universale Gegenwart Gottes. Insofern diese verborgene Gegenwart in personaler Form erfahren wird, entfaltet sich eine liebevolle Beziehung zum göttlichen Du. Aber das unfassbare Geheimnis des Göttlichen kann nicht in der Ich-Du-Struktur festgelegt werden. Gott kann nicht einfach zum Objekt werden, es sei denn, dass er gleichzeitig Subjekt ist, und letztlich die Subjekt-Objekt-Struktur transzendiert. Darum ist es wichtig, die Gebetsform der Zwiesprache mit dem personalen Gott durch meditative Stille der Versenkung in den transpersonalen göttlichen Grund zu vertiefen. Auf diesem Weg der inneren Versenkung stellen die Meister aller Religionen drei Phasen (vgl. auch Seite 115) fest:

1. Das Gebet als Zwiesprache mit dem göttlichen Du
2. Die Meditation als Versenkung in das göttliche Selbst
3. Die mystische Erfahrung als Vereinigung mit dem göttlichen Geist.

16 Meditation als Weg zur Verwandlung

Zur Praxis der meditativen Versenkung

Das Wort Meditation stammt aus dem Lateinischen *meditari*, es bedeutet: zur Mitte gehen. Meditation ist der innere Bewusstseinsvorgang, durch den man von der Peripherie der Wahrnehmung zur göttlichen Mitte erwacht, vom oberen Bereich des Wachbewusstseins zur Tiefe des spirituellen Bewusstseins gelangt. Hier geschieht ein gewisses Umschalten von einer vom Verstand gesteuerten, vergegenständlichten Denkart zur verinnerlichten Erfahrung, die von Intuition getragen wird. Darum weist das Sanskritwort für Meditation *Dhyana* auf den inneren Gang *(yana)* zum Bereich der intuitiven Wahrnehmung hin *(dhi, buddhi)* (Chand. Up. 7.6.1). In der Meditation findet eine Versenkung des Bewusstseins von der Ratio zur Intuitio, vom Wissen zur Weisheit, vom analytischen Verstehen zum inneren Schauen statt. Dies ist ein ganzheitlicher Vorgang, in den der ganze Mensch mit einbezogen ist: Leib und Seele, alle drei Bereiche des Bewusstseins, alle Beziehungen zu den anderen Menschen und die Bezogeheit zur Natur. Wer meditiert, befindet sich im Herzen der Weltwirklichkeit. Meditation ist Ekstase im

Kernbereich des Kosmos. Durch die meditative Vertiefung und Verwandlung des Bewusstseins wird der einzelne Mensch mit dem Ganzen integriert, und dadurch wird das Ganze zu tieferer Harmonie gebracht (Chand.Up. 6,1).

Ich möchte hier einige Grundübungen aufzeigen, die für den meditativen Gang zur göttlichen Mitte behilflich sein können. Bei diesen Schritten nach innen geht es nicht darum, dass nur im Inneren eine heile Welt geschaffen wird, sondern darum, dass dem verwandelnden göttlichen Geist Raum gegeben wird. Es geht hier nicht um eine psychische Leistung, sondern um die geistige Disziplin, durch die der Meditierende seinen Innenraum der Gnade Gottes öffnet und ihn für das Licht Gottes durchlässiger macht.

1. Das Sitzen

Aufrecht, entspannt und fest sitzen! Der Bodensitz ist empfohlen, weil man erdverbundener sitzt, aber nicht unbedingt erforderlich. Die aufrechte Sitzhaltung bringt die innere Haltung der entschlossenen und aufrichtigen Seinsweise zum Ausdruck. Wenn die Wirbelsäule aufrecht und entspannt bleibt, fließt die Atemenergie *(prana)* ungehindert auf und ab; das hilft zu innerer Sammlung und Aufmerksamkeit. Die aufrechte und wache Sitzhaltung wird verglichen mit einer stillen Flamme in einem windlosen Raum oder mit einem fest in der Erde verwurzelten Baum.

2. Die Erdverbundenheit

Bewusst in der Erde verwurzelt sitzen! Die Erde birgt in sich ungeheuer viele heilende Kräfte, die wir durch die Meditation leibhaft spüren können. Die Erde ist nicht tote Materie, sondern der tragende Mutterboden unserer Existenz. Die Erde ist der Leib des Menschen in erweiterter Form. Der menschliche Leib ist verwandelte Erde. Der Mensch ist ein Stück zum Bewusstsein erwachte Erde. Letztlich gibt es keinen Unterschied zwischen dem menschlichen Leib und der Erde: sie sind eins. Diese belebende Einheit nimmt der Meditierende dankbar wahr durch das geerdete Sitzen in der Meditation. Er sitzt wie ein in der Erde verwurzelter Baum und spürt, wie Wurzeln vom Leib in die Erde wachsen. Dabei spürt er das Getragensein von der Erde, die Geborgenheit in der Muttererde, die tiefe Einheit mit der Erde: ich bin in der Erde, die Erde ist in mir, ich und die Erde sind eins!

3. Die Leibwahrnehmung

Den ganzen Leib durchspüren! Der Leib ist nicht etwas, was ich *habe:* ich bin Leib. Der Mensch ist eine Leib-Geist-Einheit. Darum ist es wichtig, dass der Leib als transparentes Medium des Geistes erfahren wird. Der Leib ist die Ursprache des Menschen, der erste Ort der Gotteserfahrung. Der christliche Glaube sagt, dass Gott durch den Leib zu den Menschen gekommen ist: das Wort ist Fleisch geworden. Wir Menschen sollen deshalb zunächst durch den Leib zu Gott gelangen: den eigenen Leib als Tempel des göttlichen Geistes erfahren. Daraus entsteht dem eigenen Leib gegenüber eine achtungsvolle und bejahende Haltung. Wer seinen Leib als sakralen Raum annimmt, nimmt sich selbst ganz an, nimmt seine Geschichte und die Umwelt voll Respekt an, nimmt die anderen Menschen in ihrer Eigenart achtungsvoll an. Für die Meditation als den ganzheitlich verwandelnden Vorgang ist daher die Leibwahrnehmung ein grundlegender Schritt. Man könnte zunächst den Bauchraum – die Erdmitte des Menschen – erspüren und von da aus innerlich nach unten bis zu den Füßen, nach oben zu den Händen und schließlich zum Kopf wandern. Eigentlich ist das als eine Art innerer Pilgerreise aufzufassen: Wenn mein Leib der Tempel des Geistes ist, mache ich – den Leib andächtig erspürend – eine Pilgerreise durch diesen Tempel. Dadurch werden viele Verspannungen gelöst und Blockaden beseitigt; der ganze Leib wird als das auf den Geist hin durchlässige Medium erfahren. »Wenn das innere Licht in dir aufleuchtet, wird dein ganzer Leib voll von Licht, als wenn eine Lampe dich mit ihrem Licht beleuchtet« (Lk 11, 36; siehe dazu: Sebastian Painadath SJ, Das Sonnengebet, Ein Übungsbuch zum Tagesbeginn, München 2000, Kösel).

4. Den Atem spüren

Bewusst ein- und ausatmen! Was ist eigentlich der Atem? Wer atmet? Diese Frage haben die Weisen Israels und des Ostens gestellt. Erstaunlicherweise sind beide zu einer einzigen Antwort gekommen: Gottes Atem atmet in uns! Die Bibel macht es deutlich im Bild der Erschaffung des Menschen: »Gott blies in den Menschen den Lebensatem; und dadurch wurde der Mensch zu einem lebendigen Wesen« (Gen 2, 7). Nach dem ersten Ausatmen ist der Schöpfer nicht zurückgetreten, sondern wie eine Bergquelle, die den Fluss gebiert, belebt Gott den Kosmos. Der ständige Ausatem des Schöpfers ist der belebende Einatem der Schöpfung. Der biblische Mensch lebte mit der Überzeugung, dass »Gott, der Herr, allen Lebewesen auf der Erde den Atem verleiht« (Jes 42, 5). Der Atem Gottes *(ruach)* atmet in uns (Ijob 33, 4; 34, 14; Ps 104, 29–30; Weish 15, 16; Jes 57, 16; Dan 5, 23). Und Paulus sagt ausdrücklich: »Gott gibt allen das Leben und den Atem ... denn in ihm leben wir, bewegen wir uns und sind wir« (Apg 17, 25. 28).

Auch in der östlichen Hemisphäre wird der Atem als Gottes Lebenskraft in uns wahrgenommen. Der vedische Mensch spürte, dass »alles seinen Ursprung im Atem Gottes hat« (Atharva Veda 4.16.1). Diese göttliche Kraft durchströmt alle Lebewesen und wird als das kosmische Lebensprinzip *(pranah)* erfahren. Gottes Atem ist eigentlich das letzte Subjekt unseres Lebens (Kena Up. 1,9): durch den Atemstrom steuert Gottes Geist unser Leben von innen her (Brihad. Up. 3,7,16). Am Atem spürt der Mensch seine Grundangewiesenheit auf eine Kraft, die ihm ständig geschenkt wird, und er wird eins mit dieser Kraft. Darum macht der Mensch die ursprüngliche Gotteserfahrung durch Atem. Daher wird in fast allen klassischen Sprachen das Wort Atem verwendet, um die belebende Gegenwart des göttlichen Geistes in uns darzustellen: *ruach* (Hebräisch), *pneuma* (Griechisch), *spiritus* (Lateinisch), *atman* (Sanskrit), *chi* (Chinesisch), *avi* (Tamil).

Atem ist sowohl biologische Energie als auch spirituelle Kraft. Darum verschafft die Wahrnehmung des Atems einen Übergang von sinnlicher Empfindung zu spirituellem Bewusstsein. Es gibt im Osten kaum einen Versenkungsweg ohne Atem-Beherrschung *(pranayama)*. Ich schlage drei Schritte der Atemübung vor:

● Zunächst eine Zeit lang den eigenen Atem einfach wahrnehmen: mit Freude und Dankbarkeit einatmen, mit Freiheit und Vertrauen ausatmen. Man befindet sich dadurch bewusst im Fluss des kosmischen, im Strom des göttlichen Lebens. Dann wird es langsam deutlich: Nicht ich atme, es atmet in mir; Gottes Atem atmet in mir. Gottes belebender Geist wird als das eigentliche Subjekt unseres Seins erfahren.

● Wenn der Atemrhythmus durch den entspannten Bauchatem stabilisiert wird, kann man der Wirbelsäule entlang den

Atemstrom spüren: beim Einatmen den aufsteigenden Strom und beim Ausatem den absteigenden. Von den Kraftquellen der Erde her atmet man ein, und mit den Strahlkräften des Himmels atmet man in den Leib aus. In jedem Atemzug geschieht eine Vermählung zwischen den bipolaren Kräften der Natur: der irdischen und der himmlischen, der weiblichen und der männlichen, zwischen *yin* und *yang, ida* und *pingala, prakriti* und *purusha.* Allerdings sollte man diese Übung mit großer Gelassenheit und Bodenfestigkeit machen, damit die Energiezentren der Wirbelsäule *(Chakras)* nicht in Disharmonie geraten.

- Bei jedem Atemzug kann man den Strom der Atemkraft im ganzen Leib wahrnehmen. Mit Gelassenheit atmet man ein, und beim Ausatmen spürt man, wie der Atemstrom von der Wirbelsäule aus in die Füße und in die Hände hineinfließt. Dies verleiht ein Wohlgefühl, wobei der ganze Leib als vom Atem belebtes Wesen erfahren wird. Es geht hier aber um ein Umschalten zum spirituellen Bewusstsein, und darum ist es wichtig, dass der Übende ständig innerlich wiederholt: Gottes Atem atmet in mir.

Durch diese drei Schritte der Atemübung kommen wir zu einem tieferen Bewusstwerden des Kraftstroms des göttlichen Geistes, denn »in ihm leben wir, bewegen wir uns und sind wir« (Apg 17, 18). Wir erwachen dabei auch zu einem innigen Verbundensein mit allen Lebewesen, denn sie alle leben aus der einen Lebensquelle des göttlichen Atems.

5. Mantra: Klang der Stille

In die göttliche Schwingung kommen! Dazu empfehlen die östlichen Meister die Anwendung von Mantras. Das Mantra ist eine einsilbige Lautform, dazu geeignet, im Inneren des Menschen eine Harmonie herzustellen. Es ist ein Hilfsmittel, mit dem man den Bereich des vergegenständlichten Denkens *(manah)* transzendiert *(trayate)* und den Weg zur intuitiven Wahrnehmung freigibt. Normalerweise erhält der Gottsuchende das Mantra von einem erfahrenen Meister. Das Urmantra ist der Laut OM. Es ist die Zusammenstellung von drei Lautelementen, A, U, und M. A ist der allererste Laut, M der letzte mit dem Summen, und U ist der mittlere Laut. Diese drei Grundlaute, die den Anfang, die Mitte und das Ende ausdrücken, bilden eine dynamische Einheit im Laut AUM: ausgesprochen als OM. Daher wird OM zum Symbol für das Ganze, für das Göttliche. Die vedischen Seher haben OM gehört *(sruti)* als den Klang, durch den die schöpferischen Kräfte des Göttlichen in die Schöpfung ausfließen. Alles wird als Ausformung von OM verstanden (Chand. Up. 1.1.2; 1.5.1–5). Wenn alles eigentlich Schwingung ist, bedeutet OM die Urschwingung (Chand. Up. 2.23.3). Wenn Materie als Energie wahrgenommen wird – wie in der heutigen Physik – ist OM die Dynamik des göttlichen Energiestroms. Alles ist letztlich Klang – Schwingung!

Der Meditierende öffnet die tiefen Schichten seines Bewusstseins diesem Klang der göttlichen Stille in sich und um sich. Dazu wird empfohlen, mit jedem Ausatmen OM zu summen, zunächst laut und dann leiser, und allmählich lässt man den Klang in sich durchtönen. Beim Summen von OM spürt man, wie die Schwingung dieses Lautes sich spiralförmig in den ganzen Leib hinein ausdehnt, und auch über den Leib hinaus in die Umwelt hinein. Man spürt die Versenkung vom Wachbewusstsein (A) durch das Unterbewusstsein (U) hindurch ins spirituelle Bewusstsein (M). So wird die Durchlässigkeit zum innewohnenden göttlichen Geist hin intensiviert und die Verbundenheit mit allen Wesen in der Natur verstärkt. Swami Abhishiktananda, der französische Benediktiner Le Saux, der diesbezüglich eine tiefe, kosmische Einheitserfahrung machte, beschreibt seine Wahrnehmung so:

> »Das OM, das unsere Weisen in ihrer Seele vernahmen,
>   als sie in ihre eigeneTiefe hinabstiegen,
>   tiefer als ihre Gedanken und tiefer als all ihre Wünsche,
>   in der wesentlichen Einsamkeit des Seins;
> das OM, das im Geräusch der vom Wind bewegten Blätter ertönt;
> das OM, das im Sturm braust und das im Wind rauscht;
> das OM, das in dem wilden Strom tobt;
> das OM der Gestirnsbahnen im Weltenraum;
> das OM, das im Kern des Atoms dröhnt, und das im Gesang der
>   Vögel erklingt;
> das OM, das die Zeit und die Geschichte hervorbringen;
>   das OM, das den Raum ertönen lässt, wenn er in die Zeit ein-
>   tritt ...«

(Henri Le Saux, Die Gegenwart Gottes erfahren, Mainz 1980, S. 98)

Im Sinne der christlichen Erfahrung könnte der Klang OM in Verbindung mit dem Logos gedeutet werden. Im Anfang war der Klang (OM) und alles ist aus diesem Klang zur Entfaltung gekommen – sagten die vedischen Seher; im Anfang war das Wort (Logos), und alles ist durch das Wort geschaffen worden – heißt es im Johannesevangelium. Der göttliche Klang schwingt im Kosmos; das göttliche Wort belebt alles. Die leibhafte Gestaltnahme dieser immanenten Gegenwart des Göttlichen haben wir Christen in Jesus Christus erfahren. So gesehen könnte die Bewusstseinsverwandlung durch die OM-Meditation bedeuten, dass Raum geschaffen wird für die mystische Christuserkenntnis, für die kosmische Christuserfahrung. Um das verdeutlichen, könnte man das Summen des Mantra OM mit dem Namen Jesu verbinden. Die indischen Christen z. B. singen in einem meditativen Rhythmus: *Jesu, Jesu, Jesu, Jesu, Jesu, Jesu OM ...* oder *OM nama Christaya* ... Allmählich kommt der Meditierende zu einer tiefen, ganzheitlichen und wachen Stille.

6. Symbole der Verwandlung

Die innere Stille mit einem Symbol vertiefen! Wenn man durch das Summen des Mantra zu dem inneren Raum der Stille gelangt, gibt es zwei Möglichkeiten:

● Weiter in der Stille verweilen und die innere Leere zur Entfaltung kommen lassen. Hier verschwinden alle Gottesbilder und Worte. Man sitzt einfach in einer tiefen Bewusstheit des Seins. Dadurch lässt man dem geistigen Verwandlungsvorgang in sich freien Raum. Wer mit buddhistischen Meditationspraktiken oder mit den christlichen apophatischen Traditionen vertraut ist, würde diese Grundhaltung vorziehen.

● In der Stille bestimmte Symbole aufnehmen, um die Stille zu vertiefen! Man nimmt ein prägnantes Wort (wie z. B. Friede, *shanti*) und wiederholt es andächtig in der tiefen Stille. Oder man nimmt eine verdichtete Aussage und wiederholt sie im Innenraum. Die upanishadischen Meister erwähnen dazu die Schlüsselsätze *(Mahavakyas)* wie z. B. »Ich bin göttlich« *(aham brahmasmi)*, »Dies alles ist vom Gott durchdrungen« *(isavaysamidam sarvam)*. Es geht dabei überhaupt nicht darum, über den Sinn der Aussage nachzudenken, sondern darum, ihren geistigen Gehalt auf sich wirken zu lassen, um das Bewusstsein zu erweitern und zu vertiefen. Man könnte auch ein Bild in den Innenraum aufnehmen, das eine ergreifende symbolische Aussagekraft hat. Man könnte z. B. das Symbol des Baumes auf sich wirken lassen, um dabei das tiefe Verwurzeltsein im göttlichen Grund sowie das enge Verbundensein mit allem im Bewusstsein wach werden zu lassen. Wenn man von den hinduistischen Meditationsmethoden beeinflusst oder in den christlich kataphatischen Traditionen zu Hause ist, wären solche Übungen passender. Im Umgang mit Wort oder Bild oder mit einer Aussage im Innenraum ist es wichtig, in einer rezeptiven Haltung zu verweilen und sie auf die tiefen Schichten des Bewusstseins wirken zu lassen. Dadurch wird die Stille noch intensiver und offener.

7. Dem Geist Raum geben

In all den Schritten der meditativen Versenkung geht es letztlich nur darum, dem Geist innerlich Raum zu geben. Was wird in diesem inneren Raum noch geschehen? Dazu können wir keine fertige Antwort geben. Der Geist, der die Tiefen erforscht, wird uns dazu führen, dass wir erfüllt werden bis hin zur ganzen Fülle Gottes (1Kor 2, 10; Eph. 3, 19). Die upanishadischen Meister bezeichnen die Grunderfahrung so: das SELBST im Selbst durch das SELBST schauen, d.h. das Göttliche im eigenen Wesen im Lichte des Göttlichen wahrnehmen. In dieser Wahrnehmung ist eine verfeinerte Liebesbeziehung mit Gott möglich, aber auch eine vertiefte Erfahrung des Teilhabens am göttlichen Leben, und darüber hinaus eine intensive Erfahrung der Wesenseinheit. Gottes Geist wird als Quelle der Liebe, als Seinsgrund oder als All-Einheit erfahren. Es ist eine Erfahrung des gnadenhaften Existentials, ein Durchbruch in das vom Geist Gottes verwandelte Bewusstsein. Man muss grundsätzlich für alle diese drei Erfahrungsformen offen sein, und oft geht die eine Erfahrung in die andere über. In diesem Verwandlungvorgang im Geiste wird das Göttliche als das eigentliche Subjekt erfahren: das Woraus wir leben, das Wodurch wir wachsen und das Worin wir eingehen.

17 Die mystische Einheitserfahrung

Die Stille ernährt

Als er über den Sinn und Vorgang des wahren Betens gefragt wurde, hat Jesus die suchenden Menschen zu innerer Stille eingeladen. »Wenn du betest, geh in deine Kammer und schließ deine Tür zu; dann bete zu deinem Vater, der im Verborgenen ist« (Mt 6, 6). Das eigentliche Gebet findet im inneren, stillen Raum des Herzens statt. Zu der Frage, ob das Beten an vorgeschriebene Formen und an vorgegebene Orte gebunden sei, sagte Jesus: »Nein, die Zeit ist gekommen, da ihr den Vater weder in Jerusalem noch in Sychar anbeten werdet, sondern in Geist und Wahrheit. Gott ist Geist, und die ihn Anbetenden müssen in Geist und Wahrheit anbeten.« (Joh 4, 23–24). Der Geist ist der eigentliche Raum der tiefsten Beziehung mit Gott. Das, worum wir bitten sollen, ist der Geist Gottes (Lk 11, 13), der Geist, der zur Fülle der Wahrheit und der Freiheit führen wird (Joh 14, 26; 8, 36).

Paulus verdeutlicht, dass wir nicht »in rechter Weise« beten können. Doch der Geist »nimmt sich unserer Schwachheit an und tritt selber für uns ein mit unaussprechlichem Seufzen« (Röm 8, 26). Der Geist betet in und durch uns. Der Geist ist das eigentliche Subjekt des Betens. Nur das vom Geist getragene Gebet kann Gott erreichen, denn »nur der Geist erforscht alles, auch die Tiefen Gottes« (1 Kor 2, 10). Aus unserer Tiefe heraus auf die göttliche Tiefe hin ruft der Geist: Abba, Vater (Gal 4, 6) und ermöglicht unserem Geist mitzurufen: Abba, Vater (Röm 8, 15); dadurch werden wir zu Kindern Gottes verwandelt, zu Erben Gottes (Röm 8, 17). Beten heißt, den betenden Geist in uns zuzulassen, diesem verwandelnden Geist Raum zu geben. Der Gott, zu dem wir beten, ist eigentlich der Geist, der in uns und durch uns betet und alles neu gestaltet. Das Beten ist dann das Sicheinlassen auf diesen vom Geist getragenen Verwandlungsvorgang, der tief in uns und überall um uns ständig stattfindet (Röm 8, 18–30).

Die upanischadischen Meister begleiten die suchenden Menschen auf dem inneren Weg mit der Frage: Wie kann man den Erkenner erkennen? Der innewohnende göttliche Geist *(Atman)* wird erfahren als »der innere Lenker«, als »das, wodurch diese ganze Wirklichkeit erkannt wird« (Brih. Up. 3.7.3; 4.5.15). »Was durch das Wort nicht aussprechbar ist, wodurch das Wort ausgesprochen wird, erkenne das als das Göttliche *(Brahman)*, doch nicht das, was man hier verehrt!« (Kena Up. 1.1.5). In der mystischen Wahrnehmung wird es deutlich, dass Gott eigentlich das tragende und belebende Subjekt von allem ist: alles ist »so wie in der Radnabe« in Gott zusammengefasst (Brih. Up. 2.5.15); alles wird vom »inneren göttlichen Licht beleuchtet« (Mundaka Up. 2.8.11). Gott ist selber »Erkenntnis und Wahrheit« (Tait. Up. 2.1), »die Grundlage von allem« (Tait. Up. 3.1). Beten als innere Versenkung in das mystische Bewusstsein bedeutet: den Einklang mit dem Göttlichen wahrnehmen, das Göttliche als das wahre Subjekt erfahren, »das eigene Selbst im göttlichen Selbst durch das göttliche Selbst schauen« (Brih. Up. 4.4.12; 1.4.9; Tait. Up. 1.4, Bhag. Gita 6,20). Ramana Maharshi, ein hoch angesehener Hindu-Mystiker und Meister, sagte: »Im innersten Grund des Herzens leuchtet allein und für immer Brahman, einziges Ich, einziges Selbst. Dringe ein, Mensch, in diesen Grund deiner selbst, das Denken nach innen gekehrt, dein Gesicht in sich versunken, im Frieden verwurzelt im Selbst, zum Du geworden!« (Collected Works, Tiruvannamalai 1996, 11)

Der Geist betet

In allen spirituellen Traditionen können wir einen Verwandlungsvorgang feststellen: das Gebet als Hinwendung zum göttlichen Du wird durch die Meditation als Versenkung in das göttliche Ich (Selbst) vertieft und über die Ich-Du-Struktur hinaus in die mystische Erfahrung der All-Einheit verwandelt. Diese Einheitserfahrung entfaltet sich in dem tieferen Bereich des intuitiven Bewusstseins *(Buddhi)*, in der Innenkammer, in der Herzenshöhle. Hier wird Gott weder als Du, noch als Ich (Selbst) erfahren, sondern das Göttliche als der alles tragende, belebende und durchdringende Geist. Hier wird es deutlich, dass der Geist betet.

Das Beten ist das Ergreifen des Ergriffenseins vom Geist Gottes, das Gewahrwerden der Verwandlung durch den Geist. Die Mystiker und Meister aller Religionen weisen darauf hin, dass das Beten im Tiefsten ein rezeptiver Vorgang ist: nicht ich bete, es betet in mir, der göttliche Geist betet in mir. Im Osten heißt dies, sich im Schwingungsfeld des göttlichen Geistes befinden; im Christlichen heißt es, sich im Einklang mit dem Seufzen des Geistes erkennen. Echtes Beten ist eine ekstatische Partizipation am Seufzen des Geistes. Das Seufzen ist eine wortlose, ursprüngliche und ganzheitliche Ausdrucksform der Gemütsbewegung. Es ist die Ekstasis des Geistes, das Heraustreten des göttlichen Geistes im Menschen, und gleichzeitig die Verschmelzung des menschlichen Geistes im Göttlichen. Der Geist Gottes packt den menschlichen Geist, schüttelt ihn und treibt ihn über sich hinaus. Der Mensch wird dadurch an die Grenze des Seins geführt, und gleichzeitig wird ihm ein unbegrenzter Horizont der Bewusstseinserweiterung aufgezeigt, die Spannweite einer ungeheueren, geistigen Freiheit.

Es geht hier um eine Vertiefung, Verwandlung und Vereinigung des Bewusstseins. In der Tiefe erkennt der Mensch den vom göttlichen Geist getragenen Vorgang der Vergöttlichung *(theosis)* des menschlichen Geistes. Es ist die Erfahrung, dass sein Leben in den innertrinitarischen Lebensvorgang mit einbezogen ist. Die Individualität des menschlichen Geistes ist nicht vernichtet, sondern verwandelt im göttlichen Geist. Das Endliche wird zu seinem unendlichen Ursprung geführt. Das menschliche Bewusstsein ist völlig mit dem göttlichen Bewusstsein in Einklang gebracht, »damit es erfüllt wird zu der ganzen Fülle Gottes« (Eph 3, 19). Der menschliche Geist erlebt eine mystische Einigung mit dem göttlichen Geist. »Er ist ein Geist mit ihm« (1 Kor 6, 17). In diesem Bewusstsein ist Gott nicht mehr Du, nicht mehr Ich, sondern Geist jenseits der Ich-Du-Struktur des Denkens und Betens. Und in diesem tiefen Bewusstsein geschieht die eigentliche Anbetung; das »Beten in Geist und Wahrheit« (Joh 4, 24). Wir können letztlich nur zu dem Gott beten, der eigentlich uns näher ist, als wir uns selbst. Der Gott, zu dem wir beten, ist der Gott, der in uns und durch uns betet. Unser Beten zu Gott ist letztlich eine wortlose Versenkung in das Seufzen des Geistes. Es ist der Klang der mystischen Stille, der Laut der göttlichen Schwingung. Darin hört man den Ruf: Abba, Vater; darin vernimmt man den Klang OM. So können wir in der tiefsten Stille der Meditation summend hinhorchen: OM ... Abba ... OM ...

Der Geist befreit

Die mystische Einheitserfahrung mit dem göttlichen Geist erwacht im Bewusstsein und blüht in Liebe. Einswerden mit dem Geist ist Erkenntnis und Liebe, *Gnosis* und *Agape, Jnana* und *Bhakti*. Die ekstatische Erfahrung des betenden Geistes in uns ist die Erfahrung des gestaltenden Geistes um uns. Einklang mit dem göttlichen Geist im tiefen Bewusstsein ist Einheit mit demselben Geist in der Welt. Wer Gott tief in sich erblickt, sieht Gott in allen Dingen und alles in Gott. Mystiker aller Religionen weisen auf diese weltimmanente Erfahrung des Geistes Gottes hin. Mit dem vom Geist verwandelten Bewusstsein erleben wir eine universelle Theophanie: Gottes Gegenwart scheint durch alles hindurch.

Der ganze Kosmos seufzt und wartet in Geburtswehen auf den Zustand, wenn »Gott alles in allem sein wird« (Röm 8, 22; 1 Kor 15, 28). Alles befindet sich in dem »Prozess des Durchdringens durch Gott« (Isa Up. 1). Durch das geistgeschaffene Gebet werden wir uns der Gnade dieser göttlichen Gegenwart bewusst und vom Auftrag dieses Vorganges betroffen. Durch das Gebet erwächst in uns ein neues Verantwortungsbewusstsein. Die Welt, mit ihrer Vielfalt und Zerbrochenheit, steht vor uns als ein Auftrag, den Jesus das »werdende Reich Gottes« nannte.

Der Geist, der in uns seufzt, ist der Geist, der die Wand des Verschlossenseins ständig durchbricht, damit wir den anderen Menschen in deren eigentlicher Tiefe begegnen können. Gottes Geist als das eigentliche Selbst erfahren heißt dem göttlichen Selbst in den anderen zu begegnen. Der Geist reißt die Mauern nieder, die wir aufstellen und verbindet die Herzen. Die verwandelnde Gegenwart des göttlichen Geistes ist wie eine sprudelnde

Quelle der Liebe. Im tiefen Gebet erfahren wir das Ausfließen dieser göttlichen Liebeskraft in unseren Herzen (Röm 5, 5). Darüber sagte Jesus: Aus euerer Leibmitte werden Ströme des lebendigen Wassers hervorfließen (Joh 7, 38). Beten heißt sich in diesem göttlichen Fluss der Liebe befinden. Durch das Gebet wird unser Leben zunehmend für die Wirkung des Geistes durchlässig. Beten heißt dem liebenden und heilenden Geist in uns und um uns Raum geben. Dadurch werden wir selber zu transparenten Medien der Heilswirkung des göttlichen Geistes. Das Heil geschieht nicht nur in den Einzelnen, sondern auch in den Strukturen der Gesellschaft. Das geistgeschaffene Gebet verleiht Perspektive und Mut, damit wir uns für Frieden, Gerechtigkeit und Bewahrung der Schöpfung einsetzen. Vor allem macht uns das Beten zunehmend zu barmherzigen Menschen. Seid barmherzig, wie der göttliche Vater barmherzig ist – dies ist der geistgetragene Ruf des Gebets. Wer in sich, in der mystischen Stille, den Geist wahrnimmt, erkennt vor sich das Gesicht Gottes im leidenden Gesicht des Mitmenschen. Die maßgebende Frage, woran die Echtheit des Gebets bestimmt wird, lautet: Hast du mich als den leidenden Gott in den leidenden Menschen erkannt?

Darüber schreibt Rabindranath Tagore in eindrucksvoller Weise:

»Lass dies Singen von Chorälen,
dieses Perlenzählen am Gebetskranz,
Wen verehrst du im entlegenen,
dunklen Winkel eines Tempels,
dicht geschlossen jedes Tor?
Mach auf die Augen, sieh! Dein Gott ist nicht vor dir.

Dort ist er, wo der Bauer pflügt auf hartem Grund;
dort, wo der Wegemacher Steine bricht.
Bei ihnen ist er, im Sonnenschein und Regenschauer.
Sein Kleid ist ganz mit Staub bedeckt.
Leg deinen heiligen Mantel ab, tu es ihm gleich,
und steig herab zum Staub der Erde!

Erlösung? Wo findest du Erlösung?
Hat unser Meister selbst nicht freudig sich die Fessel,
die Geschaffenes bindet, angelegt?
Er ist mit uns gebunden, für immer mit uns allen.

Komm du heraus aus tiefer Selbstversenkung,
lass Weihrauch, deine Blütenkränze lass beiseite!
Was macht es schon, wenn deine Kleider
zerrissen oder fleckig werden?
Begegne ihm und stelle dich zu ihm
in Mühsal und im Schweiße deiner Stirn!

(Rabindranath Tagore, Gitanjali, übersetzt von G.M. Muncker und A. Haas,
Freiburg 1958, S. 19)

18 Ashram: Gestalt einer Gegenkultur

Zur Freiheit des Geistes

Weltweit wird die Suche nach glaubwürdigen Formen des spirituellen Lebens deutlicher. Enttäuscht von den Werten der Konsumkultur und erschöpft durch den Druck der Konkurrenzhaltung suchen viele Menschen heute sinngebende Formen des Lebens in den Religionen. Es geht hier nicht um eine Flucht vor der Wirklichkeit, sondern um ein Umschalten hin zu einer authentischen Lebensweise. Die Sinnfrage hat die Suchenden zu einer Wiederentdeckung der meditativen Dimension des Lebens und zu dementsprechenden Lebensformen geführt. In einer Umwelt, in der Lärm aufreibende Auswirkungen hat, suchen die Menschen Orte der ernährenden Stille. Auf diesem Weg scheinen die Ashrams des indischen Erbes neue Perspektiven eröffnen zu können.

Das Wort *Ashram* ist abgeleitet von der Sanskritwurzel *a-srama*, was so viel bedeutet wie *ganzheitliches Streben nach der Fülle des Lebens*. Ashrams sind ein Grundbestandteil der geistigen Entwicklung Indiens. Seit drei Jahrtausenden existieren Ashrams in diesem Land. Sie sind eigentlich Orte, an denen eine kleine Gruppe Suchender unter Anleitung eines erfahrenen Meisters intensives, spirituelles Leben pflegt. Die daraus entstehende Spi-

ritualität hat stark meditative Züge, aber sie bildet keine weltab-
gewandte Geisteshaltung. Im Gegenteil, die Menschen, die sich
eine Zeit lang in einem Ashram aufhalten, kehren zum Bereich
ihrer Aufgaben mit einer inneren Freiheit und mit ganzheitlicher Blickrichtung zurück. Der Grundansatz des Ashramlebens
drückt sich im täglichen Ashramgebet aus:

>»Mögen alle Wesen mich mit dem Auge des Freundes betrachten,
auch ich will alle Wesen mit dem Auge des Freundes betrachten;
mögen wir einander mit dem Auge des Freundes betrachten.«
(Yajurveda 36,18)

Und die daraus folgende Lebenseinstellung heißt:

>»Fest verwurzelt im Gottesbewusstsein erfülle deine Werke,
hinweg mit jeder Form der Habgier;
so wirst du ein ausgeglichener Mensch.«
(Bhagavad Gita 2,48)

Viele Impulse für geistliche Erneuerung und soziale Verände-
rung in Indien sind von den Ashrams ausgegangen. Die im
Ashram entstandene Spiritualität bedeutet Harmonie zwischen
den göttlichen, den menschlichen und den kosmischen Dimensionen des Lebens. In diesem Sinne waren die Ashrams auch
zum Teil Stätten der ganzheitlichen Bildung: in ihnen lernten
die Schüler die heiligen Schriften und die Methoden der Meditation kennen, und junge Künstler wurden in Tanz und Musik,
Malen und Bauen eingeführt; Familienglieder wurden über ihre
Pflichten unterrichtet und Bauern in landwirtschaftlichem
Fachwissen geschult; Prinzen erhielten Bildung für eine Füh-
rungsrolle, und Königen wurde politischer Rat erteilt.

Im Ashram lebt man in kleinen Hütten inmitten von Wäl-
dern, möglicherweise in einem stillen Tal oder am Ufer eines

Flusses. Die spezifischen Merkmale eines Ashrams sind: eine kontemplative Atmosphäre, ein einfacher Lebensstil mit strikt vegetarischer Nahrung, asketische Lebenshaltung, Nähe zur Natur und zu den Menschen, Gastfreundlichkeit und vor allem ein »rastloses Streben nach Wahrheit« (Tagore). In einem authentischen Ashram ist jeder Mensch jeder Zeit herzlich willkommen: über alle Grenzen der Religion und der Kasten. »Möge der Gast Gott für euch sein« (*atidhi devo bhava*, Tait. Up. 1,11) ist eine Grundregel des Ashrams.

Über die Jahrhunderte entwickelte sich allerdings in vielen Ashrams eine Tendenz zur elitären Geisteshaltung unter brahmanischer Herrschaft. Seit dem 19. Jahrhundert ist ein erneuerter Rückgriff auf die ursprüngliche Gestalt des Ashrams intensiver spürbar. Die Führer der indischen Renaissance entdeckten die gestaltende Rolle des Ashrams im alten Indien wieder. Das befreiende Potenzial der Spiritualität und die sozialen Konsequenzen des geistlichen Lebens treten in den neueren Ashrams deutlich zutage. Mahatma Gandhi hat die spirituelle Grundausrichtung für politisches Engagement aus seinem Ashramleben entwickelt. Vivekananda, Tagore und Aurobindo haben Ashrams gegründet, aus denen integrale Bildungswege entstehen sollten. In den Tälern des Himalaja, am Ufer des Ganges, sowie an verschiedenen, ruhigen Orten Südindiens, finden sich heute Ashrams mit vielfältigen Akzentsetzungen. Von ihnen gehen starke geistige Impulse für soziales Leben aus, und viele Menschen halten sich eine Zeit lang in ihnen auf, um geistig aufzutanken. Für viele suchende Menschen aus den westlichen Ländern sind die Ashrams geistige Orte, wo sie spirituelle Erfahrungen und ethische Werte des Ostens erleben.

Ashrams christlicher Prägung

Die christlichen Bemühungen um die Ashrams begannen durch westliche Missionare in Indien in den Jahren seit 1920. Die protestantischen Initiativen waren beeinflusst durch den sozialen Ansatz der Ashrams von Gandhi und Tagore, während die katholischen Pioniere von den kontemplativen Erfahrungen der indischen Weisen fasziniert waren. Seit den sechziger Jahren sind neue Ashram-Initiativen von einheimischen Christen ausgegangen, die versuchen, eine zunehmende Integration zwischen der Praxis der Kontemplation und sozialem Engagement zu erreichen. Inzwischen gibt es über hundert Ashrams der christlichen Initiative im Lande, die eine inkulturierte Ausrichtung der christlichen Präsenz in Indien darstellen. Einige bekannte Ashrams sind: *Sat Tal Ashram (Nainital), Santivanam (Tiruchi), Kurisumala (Vagamon), Anjali (Mysore), Jeevandhara (Jaiharikal), Kraistavashram (Kottayam), Vidyavanam (Bangalore) Mathrudham (Varanasi)* und *Aanmodaya (Kanjeepuram)*. 1951 wurde die *Ashram Fellowship* der protestantischen Ashrams und 1979 die *Ashram Aikiya (Ashram-Vereinigung)* der katholischen Ashrams gegründet. Ihre Versammlungen, jeweils mit einigen Delegierten der anderen Konfession, finden alle zwei Jahre statt, um Erfahrungen miteinander auszutauschen und neue Perspektiven zu entwickeln. In den Ashrams der christlichen Initiativen geht es vor allem um Folgendes: ein dem Evangelium entsprechender, einfacher und glaubwürdiger Lebensstil, disziplinierte Praxis des geistlichen Lebens mit Impulsen aus den spirituellen Quellen des Landes, Studium der heiligen Schriften Indiens und ein daraus entstehender Dialog mit den anders glaubenden Menschen, Reflexionen im Hinblick auf die Entwicklung einer kontextuellen christlichen Theologie und eine Auseinandersetzung mit den akuten sozialen und ökologischen Problemen des Landes aus einer integralen spirituellen Perspektive heraus.

Die Ashrams der christlichen Prägung halten Jesus Christus für den göttlichen Meister. Aber sie heißen suchende Menschen aller Religionen und Kasten herzlich willkommen. Der Glaube an Jesus Christus wird nicht als etwas sich Abgrenzendes und die anderen Ausschließendes betrachtet, sondern als die umfassende Haltung, um die Wirkung des göttlichen Geistes im Herzen aller Menschen zu bejahen, zu respektieren und zu fördern (Vatikanum II). Ein Ashram ist nicht so sehr eine religiöse Institution als vielmehr eine spirituelle Bewegung. Ein Ashram der christlichen Initiative ist keine kirchliche Institution im rechtlichen Sinne, sondern ein Raum, wo Menschen die Werte des Reiches Gottes in die Praxis umgesetzt erleben können. Durch ihren einfachen Lebensstil und den barmherzigen Umgang mit Menschen versuchen die Ashramiten eine glaubwürdige Gestalt der Gemeinschaft, die Jesus verkündet hat, zu verwirklichen. Im Mittelpunkt des Ashramlebens steht nicht die Liturgie, sondern Meditation, welche die Suchenden verschiedener Religionen in der Tiefe verbindet. In diesem Sinne ist ein Ashram der christlichen Initiative eine Pilgergemeinschaft: Jede/r ist mit den anders glaubenden Schwestern und Brüdern geistig unterwegs. So gesehen bietet ein Ashram die geistige Grundlage für echten Dialog mit Gläubigen der anderen Religionen. Hindus fühlen sich angezogen, mit den Christen in einem Ashram zu leben und geistige Erfahrungen auszutauschen *(satsang)*. In den geistigen Gesprächen und Dialogseminaren werden oft soziale und ökologische Probleme angesprochen und von einem ganzheitlichen Verständnis her Lösungen gesucht. So gesehen verkörpert ein Ashram eine glaubwürdige Form der Präsenz der Kirche in einem stark religionspluralistischen Land wie Indien.

Sameeksha-Ashram, Kalady

1987 habe ich in Kalady, einem südindischen Dorf, den Ashram Sameeksha gegründet. Das Sanskritwort *Sameeksha* bedeutet ganzheitliche Schau: alles im göttlichen Zusammenhang sehen. Dies ist eigentlich das Grundanliegen unseres Ashrams. Geboren bin ich in einer christlichen Familie, aber von Kindheit an erlebte ich Einflüsse der hinduistischen Spiritualität in unserer Familie, denn mein Großvater war noch Brahmane, der zum Christentum konvertierte. Ich erinnere mich noch gut, als ich als kleiner Junge auf dem Schoße meines Großvaters saß und in tiefer Ehrfurcht seinen Gebetsgesängen in Sanskrit lauschte. Auch wenn ich sie damals nicht verstand, schwingt diese heilige Atmosphäre noch sehr in mir nach und ruft heute eine große Ehrfurcht vor dem Glaubensreichtum anderer Religionen in mir wach. Im Jesuitenorden wurde ich geschult, über die einengenden Grenzen der Religionen und Kulturen hinauszuschauen und zu denken, doch verwurzelt im christlichen Glauben. Nach dem Theologiestudium in Innsbruck und der Promotion in Tübingen kehrte ich 1978 nach Indien zurück. Acht Jahre arbeitete ich in der theologischen und interreligiösen Erwachsenenbildung im engen Umgang mit Hindus und Muslimen. Diese Begegnungen haben in mir einen seit Jahren schlummernden Wunsch wachgerufen, mit dem Lebensstil eines Ashrams zu experimentieren. Mit Unterstützung der Jesuitenprovinz gründete ich 1987 den Ashram in Kalady, dem Geburtsort von Sankara, dem großen Hindu-Mystiker und Theologen des 9. Jahrhunderts. Inzwischen ist es ein beliebter Ort der Begegnung für Hindus, Christen und Muslime geworden.

Den Mittelpunkt von Sameeksha bildet der interreligiöse Meditationsraum, gebaut im Stil einheimischer Tempel. Dieser Quadratraum hat vier Türen, die sich in die vier Himmelsrichtungen öffnen; suchende Menschen aus allen Religionen und Kulturen haben Zugang. In der Mitte des Raumes brennt eine Öllampe, welche die alles verwandelnde Gegenwart des göttlichen Geistes versinnbildlicht, der alle Menschen erleuchtet. Um diese Lampe sind vier heilige Schriften aufgestellt: der Koran, die Bibel, die Bhagavad Gita und die Dhammapada; sie sind wie Wegweiser für die Menschen auf dem Weg zur göttlichen Lichtmitte. Rundherum auf dem Boden setzen sich Gläubige verschiedener Religionen zu gemeinsamer Meditation, Schriftlesung und geistigem Erfahrungsaustausch. Regelmäßig organisiert Sameeksha interreligiöse Gebete, Meditationskurse und Seminare über theologische, soziale und ökologische Fragen.

Sameeksha ist ein Zentrum indischer Spiritualität. Die Bibliothek mit wertvollen Büchern über Dialog der Religionen, Spiritualität und Theologie ist eine Attraktion für Studierende aus ganz Indien. Hier werden theologische Seminare und Studiengänge über den Dialog der Religionen organisiert. Die Entwicklung einer christlichen Spiritualität, bereichert durch die kontemplativen Traditionen des Landes, ist ein Grundanliegen dieses Ashrams. Darum werden Bildungskurse und theologische Seminare für das Personal im kirchlichen Dienst und für Laienführer in der Kirche angeboten.

Ein Experiment mit einer alternativen Form der Priesterausbildung läuft in Sameeksha seit 1989. Eine kleine Gruppe von Theologiestudenten lebt im Ashram mit und absolviert ein sechs Semester dauerndes Theologiestudium. Es geht dabei um eine

Ausbildung, die in näherem Umgang mit den einfachen Menschen geschieht und die Elemente der lokalen Kultur bewusst miteinbezieht. Durch das Leben im Ashram erleben die Studenten die positiven Werte der indischen Kultur und durch ihre vielfältigen Kontakte mit den Christen, Hindus und Muslimen der Region erfahren sie eine Erweiterung ihrer theologischen Perspektiven. Sie sind auch sehr engagiert in den Pfarrgemeinden der Region und entwickeln dadurch schon während ihrer Ausbildung die für ihre zukünftige Tätigkeit nötige pastorale Sensibilität.

Sameeksha ist inzwischen von den Hindus, Christen und Muslimen der Region sehr akzeptiert. Die Türen des Ashrams sind Tag und Nacht offen. Regelmäßig kommen suchende Menschen, um sich einige Tage in der kontemplativen Atmosphäre des Ashrams aufzuhalten und geistig aufzutanken. Zu der täglichen Frühmeditation *(sadhana)* und zum geistigen Austausch am Abend *(satsang)* sind alle eingeladen. Sonst gestaltet jeder Gast den Tag für sich mit Studium oder Meditation. Alle Gäste werden in einfachen kleinen Häuschen untergebracht. Über gesellschaftliche Grenzen hinweg werden alle in die Tischgemeinschaft aufgenommen. Jede Art von Luxusgütern wird vermieden: es gibt kein motorisiertes Fahrzeug, keinen Alkohol; keine Speise mit Fleisch oder Fisch. Die gesamte Atmosphäre ist von asketischer Haltung und meditativer Stille geprägt.

Sameeksha liegt unmittelbar an einem großen Fluss, dessen Ufer die geistig Suchenden zu Betrachtung und meditativer Stille einlädt. Der Garten mit vielen Bananenstauden, Kokosnusspalmen, Muskatnuss- und Mangobäumen ermöglicht eine weitgehende Selbstversorgung und durch den Verkauf der überschüssigen Früchte auch eine gewisse finanzielle Unabhängigkeit. Bis zu 30 Personen können hier aufgenommen werden. Eine räumliche Erweiterung der Strukturen ist nicht vorgesehen, um den »familieren Charakter« zu erhalten.

Der Traum ist groß!

Ich träume von einer neuen Kultur des Dialogs: über die trennenden Grenzen der Religionen und Konfessionen, Kasten und Kulturen hinweg dürfen sich Menschen angstfrei begegnen können und dabei begreifen, dass sie alle von dem einen Geist Gottes geführt und getrieben werden. In diesem geistgetragenen Prozess der Begegnung kommt das befreiende Potenzial jeder Religion und die schöpferische Dynamik jeder Kultur zum Ausdruck.

Ich träume von einer neuen Gesellschaftsordnung: über die Vorurteile und Reinheitsvorschriften hinaus sollen Menschen miteinander das Brot brechen und das Leben teilen dürfen und dabei begreifen, dass sie alle von der einen Erde getragen und ernährt werden. In dieser geerdeten Grundhaltung wird Gerechtigkeit das Leben prägen, wird Friede herrschen und die Erde erblühen.

Ich träume von einer neuen Religiösität: über die voneinander abgrenzenden Barrieren hinweg, dürfen Gläubige aller Religionen (und auch Menschen, die keiner Religion angehören) als Mitpilgernde geistig unterwegs sein und dabei begreifen, dass sie alle letztlich zu dem einen Gott unterwegs sind. Auf diesem Pilgerweg entfaltet sich eine Menschen befreiende und verbindende Spiritualität, deren Merkmale die All-Einheits-Erfahrung sowie die Barmherzigkeit sein werden. Mit diesen Träumen lebe ich in Sameeksha. Ich glaube nicht, dass ich viel geleistet habe.

Im Ashram geht es letztlich nicht um Leistung, sondern um Präsenz, nicht primär um Tun, sondern um Sein. Das Erfreuliche ist, dass die Menschen sich bei uns zu Hause fühlen und dabei einige von den durch religiöse Erziehung mitgebrachten Vorurteilen ablegen können. Die tiefste Einheitserfahrung Jesu und sein radikaler Einsatz für die Menschen begeistern mich ständig.

Das Pauluswort klingt in mir immer nach:

Zur Freiheit hat der Geist Christi uns befreit!

Erstveröffentlichungen

Einige Teile dieses Buches gehen auf Zeitschriftenartikel zurück. Sie wurden neu überarbeitet im Hinblick auf die Themen dieses Buches. Den Herausgebern der Zeitschriften danke ich für ihr Einverständnis zur Wiederveröffentlichung:

2. Den Mystiker beleben – den Propheten wachrufen
Das Wort und die Stille, Christ in der Gegenwart 16/1994.

3. Spannungsverhältnisse aller Religionen
Zwischen Amt und Charisma, Christ in der Gegenwart 23/1996.

4. Vielfalt der Religionen – Einheit der Spiritualität
Aus der gleichen Quelle, Werkmappe Weltkirche, Missio, Wien, 116/2000.

5. Eine Kultur des interreligiösen Dialogs
Hin zu einer Kultur des interreligiösen Dialogs, in: Johannes Röser (Hg.), Christsein 2001, Freiburg 1998 (Herder), 204–206.

6. Die Einheitserfahrung Jesu
Ich und der Vater sind eins. Die mütterliche Dimension in Jesu Abba-Anrede, Die Mitarbeiterin 6/1998; Ströme des lebendigen Wassers. Symbole der Mütterlichkeit in der Abba-Erfahrung Jesu, Die Mitarbeiterin, 1/1999 (die beiden ursprünglich auf Englisch erschienenen Aufsätze hat Frau Ruth Ahl ins Deutsche übersetzt).

7. Der innergöttliche Lebensprozess
Lernt vom Baum, Christ in der Gegenwart 52/1987.

8. Christus in uns erfahren
Christus in uns, Christ in der Gegenwart 47/1987.

9. Gottes Werden im Menschen

Gottes Werden im Menschen – Theosis – eine vergessene Grunderfahrung der christlichen Spiritualität, Christ in der Gegenwart 15/2001.

10. Gott wird im Menschen geboren

Gott wird im Menschen geboren, Christ in der Gegenwart 53/1989.

11. Kreuz und Auferstehung

Aus dem Widerspruch, Christ in der Gegenwart 13/1997.

12. Die Tischgemeinschaft Jesu

Tischgemeinschaft Jesu, Christ in der Gegenwart 26/1989.

13. Verwandlung des Leibes

Verwandlung des Leibes, Christ in der Gegenwart 25/1995.

Abkürzungen

Bhag. Gita.: Bhagavad Gita (indische heilige Schrift, ca. 300 v. Chr)

Brih. Up.: Brihadaranyaka Upanishad (die Upanishaden sind mystische Texte, die im Zeitraum 900–300 vor Chr. in Indien entstanden sind).

Chand.Up.: Chandogya Upanishad

Tait. Up.: Taitiriya Upanishad